CORSO

DECKCHAIR by CORSO

(ACT IV) ACT III (20 min.)
Bedchamber of Violetta
Scene between Violetta, Annina and physician. Violetta reads the
Addio del passato -- "Farewell! past days of joy"
Scene and duet, Violetta, Alfredo. Oh mia Violetta, oh joy -- "Oh, my
and Parigi, o cara, noi lasceremo-- "Paris, oh dear one, we will
Aria, Violetta. Gran Dio! non posso -- "Great God, I cannot"
Finale. Germont, Violetta, Alfredo, with Violetta's death
Musica a Palazz
Palazzo Barbarigo Minotto
Fta Duodo o Barbarigo
San Marco 2504 - Venezia
www.musicapalazzo.com
musicapalazzo@yahoo.com

Musica a Palazzo
La Traviata
Giuseppe Verdi

CAFE

Elke Heidenreich
Die schöne Stille
Venedig, Stadt der Musik

Mit Fotografien von
Tom Krausz

CORSO

»Com'è triste, Venezia, se non si ama più …«

Wie traurig ist Venedig, wenn man sich nicht mehr liebt, man steigt allein in die Gondel, geht allein durch die Gassen – Charles Aznavour hat das besungen, und über Venedig ist viel gesungen worden. Venedig und die Liebe. Vergehende, vergangene Liebe ist hier besonders melancholisch, wo so viel Weite ist, so viel Wasser und zu viel Himmel, an dem nun keine Geigen mehr hängen.

Venezia mia
Con la bellezza e la poesia
Hai donato al nostro cuor'
La gioia del primo amor'!

»Venedig, mit deiner Schönheit und deiner Poesie hast du unseren Herzen die Freude der ersten Liebe geschenkt.«

Die Liebe, sagt der französische Schriftsteller Jean Giono, ist in Venedig besonders kompliziert: *»Jedes Pärchen ist ›Paul et Virginie‹. Sie tragen den Tod im Herzen. Eines befindet sich auf dem Boot, das andere steht am Ufer. Hier malt sich wirklich die Bestürzung auf den Gesichtern. Nirgendwo sonst, weder in Paris noch in London, fühlt man dieses Ende von allem, solange man noch festen Boden unter den Füßen hat und daher weiß, dass man im letzten Augenblick immer noch der Geliebten – notfalls auch zu Fuß – nacheilen*

vorhergehende Doppelseiten:
2/3: *Canal Grande* mit *Palazzo Gritti*
4/5: Programmheft zum Konzert *Musica a Palazzo*
6/7: Szene aus »*La Bohème*« von Puccini. *Opera Teatro La Fenice*

gegenüber:
ruhiger Seitenkanal im Stadtteil San Marco

kann. Hier finden jeden Tag Hunderte solcher endgültigen Trennungen statt, deren Schwermut alle mitempfinden, sich aber aus Angst vor der Lächerlichkeit auf die schwüle Luft der Lagunen hinausreden.«[1]

Giacomo Casanova
Kupferstich von Johann Berka, 1788

Giacomo Girolamo Casanova, Venezianer von Herkunft, zeitweise Geiger am *Teatro San Samuele*, in die untergehende Republik Venedig hineingeboren – Casanova, der Mann der Liebeskunst, am Ende so müde, der ausgelaugte Liebhaber, der keine ihn begehrende Frau mehr erträgt, den Fellini in seinem wunderbaren Film zeigt, wie er mit einer schönen Puppe tanzt, *»Casanova und die Puppe, die Köpfe einander zugeneigt in gezierter Unbeweglichkeit, wie verzaubert, die Blicke gesenkt über einen öde lächelnden Abgrund schweifend, sie drehen und drehen und drehen sich, funkelnd, verloren im tödlichen Dunkel.«*[2]

Die Liebe in Venedig – eine tödliche, eine fast unmögliche Angelegenheit, hier ist zu viel Schönheit zum Tode, zu viel Abschied, Verfall, Vergangenheit, Morbidität. Zu viel Stille. Venedig ist selbst im Karneval nie lustig. In Venedig ist man auf Moll gestimmt. Hier ist immer Endzeit, Totenmasken, nach uns die Sintflut. Am Tag ist alles Fassade, zu hell angestrahlter Verfall, in der Nacht lebt Venedig, und in der Nacht ist überall Musik. Venedig ist wie eine alternde Frau: Nachts wird sie noch einmal schön, aber wehe, die Sonne scheint gnadenlos in ihr Gesicht.

Venedig, das habe ich für mich bei vielen Besuchen herausgefunden, ist im Winter schöner als im Sommer, es darf nicht zu grell ausgeleuchtet werden.

»Im verräterischen Sonnenlicht sehen wir Venedig verfallen, verarmt und ohne Handel. Aber bei Mond-

[1] Jean Giono, *In Italien um glücklich zu sein*
[2] Federico Fellini, *Casanova*

licht hüllen die vierzehn Jahrhunderte ihrer Größe die Stadt in einen Glorienschein, und noch einmal ist sie die fürstlichste unter den Nationen der Erde.«[1]

Ja: Venedig ist nachts schöner als am Tag, wenn alle schlafen und man allein ist mit den Lichtern auf dem Wasser. Und, ja, es ist allein schöner als zu zweit, weil man still sein muss, um zu hören, was das Wasser sagt, wie die Brücken klingen, wie das Pflaster unter den Schuhen den Klang wechselt, was aus den Fenstern an Sehnsuchtsmusik schallt. Nachts, allein, im Winter in Venedig – das ist die Zeit für Vivaldis »*Quattro stagioni*«, da klappert man mit den Zähnen vor Einsamkeit und Kälte und wird doch getröstet. Wenn im Winter der Nebel, die *nebbia*, aus den Kanälen steigt und alles in weiche Watte packt, dann fahren die Motorboote nicht mehr, dann landen keine Flugzeuge, die Gondeln liegen an den Ufern, und man sieht nichts und kann sich nur auf die Geräusche, die Stimmen, das Hallen der Schritte in den stillen Gassen verlassen.

Qua el sol no gh'à calor
E da fredo se muor
Più ch'in laguna,
ma, povereti nu
se no scaldasse più
del so la luna.

»Hier hat die Sonne keine Wärme, und vor Kälte stirbt man eher als in der Lagune, doch wehe uns Armen, würde der Mond uns nicht wärmen, mehr als die Sonne.«[2]

folgende Doppelseite:
Winterlicher Blick vom Campanile über den Dogenpalast

[1] Marc Twain, *Bummel durch Europa*
[2] A. Ottoboni in: *Venedig. Stadt auf 118 Inseln*

»Und in dieser alten Stadt alt zu sein bedeutet, eine visuelle Musik von grandioser, geisterhafter Angemessenheit um sich zu haben.«[1]

Die Schönheit von Venedig, auch heute, im Zeitalter der Touristenschwärme, ist noch immer atemberaubend, und sie erschließt sich dem Spaziergänger ganz plötzlich – eine bestimmte Ecke, ein Licht, ein Bild, ein besonderer Klang, und man ist verloren. Ach, die Vorstellung, hierherzukommen und von alldem noch nie gehört, noch nie etwas davon gesehen zu haben!

»Die blaue Stunde vor der Lagune. Venedig ist am Verbleichen. Es ist eine alte Fotografie. Die Platte wurde lange belichtet. Allzu viele bewunderten das Bild. Staunende Augen fraßen es auf. Die Zeit tauchte es in die Asphodelosblüte des Hades. Venedig vermählt sich dem Schatten. Verschwindet, wird ganz und gar zum Geist.«[2]

Geschrieben wird – außer über die Liebe – fast immer nur über das Licht, das Wasser, die Malerei, über die Architektur. Venedig ist eine Stadt für die Augen. Wer hier ankommt, sieht auf Wasser und ist entzückt. Die *Serenissima*, die Allerdurchlauchteste, da ist sie, die wie Venus aus der Welle Geborene, daher ihr Name, *Venezia*, Venedig? Oder – profaner – vom illyrischen Volksstamm der Veneter, der *Veneti*, die in der Nähe der Lagune lebten?

»Wunderstadt, verfallene; mit nächtlicher Schönheit am Meer, im Leuchten zerbröckelnder Trauer; Hochzeit von Schwermut und Anmut.«[3]

Man vergisst die erste Ankunft in Venedig nie. Am schönsten ist es, wenn man mit dem Zug kommt. Alles ist anders, wenn man aussteigt, alles: die Far-

[1] Harold Brodkey, *Venedig*
[2] Wolfgang Koeppen, *Ich bin gern in Venedig warum*
[3] Alfred Kerr, *Erlebtes. Reisen in die Welt*

ben, die Luft, die Gerüche, die Geräusche, die unerhört große Wasserstraße, die man zum ersten Mal sieht, der *Canal Grande*, wie ist so etwas möglich, wenn man aus München oder Essen kommt, gerade mal zwanzig Jahre alt? »*Straßen voller Wasser*«, soll der amerikanische Schriftsteller Robert Benchley, der in New York zur witzigen *Algonquin*-Tafelrunde um Dorothy Parker gehörte, bei seiner Ankunft in Venedig nach Hause telegrafiert haben, »*erbitte weitere Anweisungen!*«

»*In der Szene, die Dich empfängt, wenn Du aus dem Bahnhof trittst und direkt am Canal Grande stehst, liegt eine farbenprächtige Geschmacklosigkeit, eine Art Dekadenz, ein beinahe schwüler, theatralischer Pomp – es ist belebend, erweckt in Dir aber auch das Verlangen loszulachen. Der Bühnenaufbau ist große Oper, doch die Handlung ist reines Varieté. Wenn Du die Uferstraße verlässt und in eine der tristen Seitenstraßen abwanderst, ist es fast, als würde ein ratternder Filmprojektor abgeschaltet – innerhalb eines Augenblicks herrschen Stille, Solidität und jahrhundertealte Serenität. Nur die Gerüche scheinen Dir nachzuwehen. Glückseligkeit.*«[1]

»*Man kommt in Venedig an, wie man nach den Mäandern der Schlaflosigkeit damit endet, auf das Ufer eines Traumes hinabzusteigen. Man fliegt auf Venedig zu wie zu einem Liebesstelldichein. (...) Man träumt von Venedig, bevor man da ist. Und ohne es zu wissen, ganz plötzlich, ist man da im Traume.*«[2]

Wenn man ein wenig weiterliest in den »*Fahrten des Condottiere*«, die der französische Schriftsteller André Suarès 1893 meistens zu Fuß durch Italien unternahm, dann kommt nach all den Eindrücken, Bil-

[1] Robert Dessaix, *Briefe aus der Nacht*

[2] André Suarès, *Die Fahrten des Condottiere. Eine italienische Reise*

Vogelschauplan der Stadt Venedig
Gemälde, anonym, 17. Jahrhundert

oben und gegenüber:
Seitenkanäle zum *Canal Grande*

dern, Farben, die ihn bezaubern, schnell ein anderes Gefühl dazu: »*Es kommt mir vor, als ob aller Lärm verstummt wäre und jedes Geräusch. (...) Der Höllenlärm des Zuges, das Klirren des Eisens, das Stampfen der Maschine fällt wie ein Stein in einen Brunnenschacht. Ich trat aus dem Bahnhof und sah mich auf dem Wasser, auf einem Fluss von Blumen. Der Himmel war über Stufen aus Spitzen eine Lippe aus hellem Blut. Und diese wundervolle Stille!*«[1]

Und an einer anderen Stelle: »*Alles treibt auf dem Wasser, nichts rollt. Eine göttliche Stille.*«[1]

Oder hier, Hermann Hesse, 1901 in seinem »*Venezianischen Notizbüchlein*«: »*Ich liege im Fenster und atme voll und tief, höre das leise Gleiten einer unsichtbaren Frachtbarke und das leise Plaudern von zwei unsichtbaren Ruderern und sehe den schmalen, lichten Himmel über den harten Umrissen der flachen Dächer glänzen. Auf diese Stunde habe ich wochenlang gewartet, auf diese Stille zwischen Stein und Wasser, auf diese milde, satte Luft, auf dieses milde, schüchterne Heimatgefühl der Weltferne und des Ausruhens. Das ist Venedig!*«[2]

Da ist es gleich mehrfach, das Schlüsselwort, das Zauberwort für Venedig: die Stille.

»*Die Stille Venedigs ist tiefer als die einer unbewohnten Landschaft*«, schreibt Ernst Bloch, »*denn es ist keine, die von Menschen selber abstrahiert. (...) Hier ist Ruhe, (...) mitten in Italien, einem der lärmtreibendsten Länder der Welt.*«

Und er versteigt sich zu fast unerhörten Bildern: »*Der Fremde, der aus dem Lärm der Welt nach Venedig reist, kommt in eine Art Fruchtwasser der Stille und gestillten Erinnerungen ...*«[3]

[1] André Suarès, *Die Fahrten des Condottiere. Eine italienische Reise*
[2] Hermann Hesse, *Venezianisches Notizbüchlein*, In: *Italien*
[3] Ernst Bloch, *Venedigs italienische Nacht*

Jean Giono, den André Gide den *Vergil der Provence* nannte, schrieb in seinem Buch »*In Italien um glücklich zu sein*« über die Stille in Venedig: »*Die Stille von Venedig kann, ohne zu ermüden, den Genuss eines ganzen Lebens steigern helfen.*« Und er beschreibt die Überflutung mit optischen Reizen in Venedig und treibt es bis zu dem Satz: »*Wie glücklich wäre ein Blinder in Venedig!*«[1]

Venedig, die fast zu Tode betrachtete und fotografierte Stadt – für Blinde? Was würden sie denn hören? Stille? Ja, aber eine murmelnde, eine unbeschreibbare Stille aus Geräuschen, aus Tönen, aus Luft, aus dem Plätschern des Wassers; das Sirren der Möwenflügel, das leise Raunen vergangener Jahrhunderte.

Eine Stadt, aufs Wasser gebaut – nur eine Stadt in der Luft könnte noch verwegener sein! –, eine solche Stadt hat keine Straßen, doch, ihre Straßen sind Kanäle, von Brücken überspannt, die in kleine Gassen mit Kopfsteinpflaster münden. Hier ist niemand eilig. Schnelligkeit findet in Venedig nicht statt, kann nicht stattfinden. Man schlendert, schaut, lauscht, »*Venedig, wärest du ein Schwebeweltversprechen?*«, fragt Theodor Däubler.[2]

»*Venedig kann es nicht geben, denn man kann keine Stadt ins Wasser bauen*«, schreibt Herbert Rosendorfer. »*Aber Venedig gibt es doch. Venedig ist das Trugbild der Realität, aber dadurch, dass die Täuschung echt wird, bringt Venedig die Wirklichkeit hervor. Venedig ist die Stadt als Ding an sich. Venedig ist die Stadt, die es gibt, weil es sie nicht gibt. Venedig war das, was die Welt als letzte Blüte der Schönheit hervorgebracht hat.*«[3]

folgende Doppelseite:
Von der Rialto-Brücke auf den *Canal Grande* gesehen

[1] Jean Giono, *In Italien um glücklich zu sein*
[2] Theodor Däubler, *Hymne an Venedig*
[3] Herbert Rosendorfer, *Venedig*

Der französische Diplomat François-René de Chateaubriand beklagte, man könne in Venedig keinen Schritt tun, ohne in ein Boot steigen zu müssen. *Gondola!*

Kein Auto. Kein Bus. Kein Motorrad. Keine Pferdedroschke. Nicht einmal ein Fahrrad. Kein Hupen. Kein Bremsen, kein Klingeln. Nur Glocken von allen möglichen Kirchen, das Gurren der Tauben, das Schreien der Möwen, der Wellenschlag an den alten Mauern, der Ruf der *gondolieri*, fast selbst schon Musik: »*Gondola, gondola!*«

Aber Venedig, die schöne Stille über Hunderte von Jahren, ist heute nicht mehr wirklich still. James Morris hat es bereits zornig beschrieben: »*Vor vielen Jahren schon hat die Stadt ihren Ruf der Stille eingebüßt. Die Dampfboote haben ihn nicht gänzlich zerstört, denn sie pflegten den Canal Grande mit leisem Tuckern, Stampfen und Zischen hinunterzufahren, das mit poliertem Messing und geölten Kolben sehr schön harmonierte; erst als der Benzinmotor nach Venedig kam, war es um den Frieden der Stadt geschehen.*

Heute ist Venedig mindestens ebenso geräuschvoll wie nur irgendeine Festlandstadt. Das Rattern von Motoren, das Tuten von Sirenen, das Klopfen von Dampfhämmern, das Rufen zorniger Bootsleute, das Mädchen nebenan, das mühsam seinen Chopin einübt, die Warnrufe der Gondolieri, das gemeinsame Singen von Studenten, das ausgelassene Tun der Betrunkenen – das alles grässlich verstärkt und verzerrt durch die Wasserfläche und die hohen Mauern darum herum und widerhallend wie von einer straff gespannten Trommel ausgeschickt.«[1]

[1] James Morris, *3mal Venedig*

Er mag recht haben. Aber das ist alles nicht wirklich Lärm, wie es Autolärm ist, Lärm der Straßenbahnen, Benzinrasenmäher. Es sind eher Geräusche, für mehr oder weniger empfindliche Ohren mehr oder weniger quälend.

Immer wieder haben die Schriftsteller ihn beschrieben, diesen einzigartigen Geräuschteppich der Stadt auf dem Wasser, zum Beispiel Rainer Maria Rilke, 1920 in einem Brief: »*Und dass draußen die transparenten Klänge schwingen, die dazu gehören, Vogellaute, Kinderstimmen, Liedstücke plötzlich aufkommend und mit plötzlicher Bruchstelle, Hammerschläge auf Eisen, geschlagene Teppiche und die dürren Schläge, die es gibt, wenn man auf einem marmornen Landepflock den Stockfisch mürbe klopft. Dazwischen ein Hebeln am Brunnen, Schritte über den Ponte San Vio – durchaus keine Stille, nie, aber lauter Muster ins Gehör.*«[1]

Muster ins Gehör … Wie schön! Venedig ist tatsächlich eine Stadt, an deren Akustik man sich erinnert. Wenn ich die Augen schließe und mir die Kanäle und die Gassen, die Häuser und die Kirchen vorstelle, dann höre ich, wie all das klingt. Mit keiner anderen Stadt geht mir das so.

»Du gehst um eine Ecke, und augenblicklich wirst Du in ein Labyrinth steinerner Schluchten gestürzt, in dem Myriaden von winzigen Lauten widerhallen – Absätze klappern, Hunde kläffen, Greise husten –, und an der einen Ecke, orientierungslos, stand ich da und lauschte einer Sonate, die aus einem Fenster hoch oben im Haus mir gegenüber herabschwebte, und ich blickte den Weg zurück, den ich gekommen war, und der tintenfarbene Kanal, neben dem ich gegangen war, schien

[1] Rainer Maria Rilke, *Briefe an Nanny Wunderly-Volkart*

sich in jenem Augenblick wie ein Flötenton zum Mond zu erstrecken – ich war wie verzaubert.« So beschrieb der australische Essayist Robert Dessaix Venedig in seinen *»Briefen aus der Nacht«*.[1]

Vielen Schriftstellern ist solche erlebte Verzauberung Anlass für Geschichten – der italienische Regisseur, Drehbuchautor, Schriftsteller Mario Soldati erzählt davon in *»Die Versuchung«*:

»Langsam, langsam gehe ich in mein Hotel zurück, steige in mein Zimmer hinauf und lege mich hin. Kaum habe ich das Licht gelöscht und starre abwesenden Geistes mit offenen Augen in die Dunkelheit, da scheint es mir – sind inzwischen Minuten vergangen oder nur Sekunden? – als höre ich nahe bei mir eine Stimme, die ganz leise, ganz süß, eine Kantilene singt, oder besser, summt.

Ich hebe den Kopf vom Kissen und horche in die Stille. Und in das Schweigen hinein, das sich zu vertiefen scheint, erklingt von neuem die Stimme, die Kantilene, das Lied, fast unvernehmbar jetzt, und wie von weiter her.

Weiter her? Woher kommt sie? Aus einem fernen Zimmer, vielleicht aus einem Zimmer im oberen Stock?

Ich setze mich hin, mache Licht und verhalte den Atem. Eine Frau singt, das ist gewiss: in einem Zimmer des Hotels, in einem Zimmer neben dem meinigen, dessen bin ich beinahe sicher, singt eine Frau mit einer sehr, sehr süßen Stimme. (...) Es ist eine eigenartige Melodie, verwirrend, aufwühlend: sie steigt an, flattert, steigt weiter, verweilt auf einem langgezogenen Ton, dann sinkt sie in Halbtönen wieder zum Eingangsthema hinab, langsam, langsam, erreicht es, nimmt es wieder auf, beginnt wieder anzusteigen, zu flattern; sie

[1] Robert Dessaix, *Briefe aus der Nacht*

wirkt wie eine Bewegung ohne Anfang und ohne Ende, die dich umkreist, umgarnt und schlangenartig umstrickt. (...) Doch wo war diese singende Frau? Wo?«

Der Reisende kann nicht schlafen, steigt auf den Stuhl, lauscht an der Badezimmerlüftung, lauscht an der Tür, die Stimme gewinnt magische Bedeutung für ihn, morgen will er den Hotelportier fragen, wer hier wohnt, und ehe er einschläft, denkt er: *»Es wäre schön gewesen, wenn die Stimme für mich gesungen hätte, allein für mich; wenn das Schicksal mir auf diese seltsame Weise ein Rendezvous gegeben hätte, ausgerechnet in Venedig, in dieser Winternacht, in diesem Hotelzimmer, mit dieser Sirenenstimme. Welche Versuchung, daran zu glauben, trotz allem!«*[1]

Gibt es andere Städte, in deren Hotels man so etwas hören könnte? Solche Magie widerfährt einem nur in der Stille der Stadt Venedig, dieser Fee auf dem Wasser, dieser schwerelosen, schwebenden, schwimmenden Schönen, *»alles Vertrauen muss man in diesem Feenlande zu den Feen haben. Venedig ist nicht erbaut. Das sind nur seidige Zelte über der Welle, vielfarbige Schleier über blumigen Pontons. (...) Die Fassaden sind nichts als aufgespannte Fahnen, seidene Standarten, persische Teppiche, Spitzen, hingebreitet für die tägliche Prozession des Königs Sonne, und des Nachts für die Königin Mond. In dieser Feenstadt ist nichts bestimmt, und nichts scheint hier fest. Die Erde ist hier ein Blendwerk.«*[2]

Diese Stadt kann man nicht fassen. Töne, Musik, kann man auch nicht fassen. Bilder kann man betrachten, Musik kann man hören, und sie ist im selben Moment verklungen, in dem man sie hört, aber sie hinterlässt etwas in uns. Sie gräbt uns um. In

folgende Doppelseite:
Gondeln auf dem *Canal Grande*

[1] Mario Soldati, *Die Versuchung*

[2] André Suarès, *Die Fahrten des Condottiere. Eine italienische Reise*

dieser Stadt, Wasser unter sich statt festem Boden, ist der Mensch – vielleicht – mehr Seele als Körper, weniger für die Leidenschaft gemacht als für das innige, zarte Begreifen. Hier, endlich, erreicht Musik uns: ganz.

»Dies ist der tiefe Charme von Venedig: man bringt hier seine Melancholie in einen festlichen Ort; man opfert seine Traurigkeit in die Arme einer trunkenen Königin, die sie annimmt.«[1]

Hermann Hesse, für den Venedig *»die Stadt des Müßigganges, der Liebe und der Musik«* ist, fährt Gondel in Venedig und lässt sich verzaubern.

»Jenseits der Salute, in der Lagune zwischen den Zattere und der Giudecca, schwamm eine Musikbarke, deren Töne stark gedämpft noch hörbar waren. Diese Geigen- und Gitarrenklänge und das weiche Mondlicht schienen lebendiger und wesenhafter zu sein als die stillen, hohen Paläste des Kanals, die schweigend, bleich und mondbeglänzt in der warmen Nacht lagen und deren feste Giebelkonturen in den schwerblauen Himmel zerflossen. An einem dieser Paläste waren drei Fenster erleuchtet, aus denen der Gesang einer schönen Frauenstimme drang. Ich ließ die Gondel halten und gab mich eine Weile dem Genuss dieses Gesanges hin, der sich mit Nacht und Mondlicht zu verschwistern und eigens dieser weichen, schönen Stunde anzugehören schien. Dann fuhr ich zur Piazzetta zurück und gab als nächstes Ziel San Giovanni e Paolo an. Die Gondel glitt durch stille, schlafende Kanäle, unter der Seufzerbrücke hindurch; die Rufe des Gondoliere, durch die an den Kanalbiegungen etwa entgegenkommende Gondeln zum Ausweichen aufgefordert werden, diese dem Fremden schwer verständlichen, halb gesungenen

[1] André Suarès, *Die Fahrten des Condottiere. Eine italienische Reise*

Rufe verklangen in die Totenstille der nächtlichen Gassen und Kanäle. Bei San Giovanni e Paolo stieg ich für einige Minuten ans Ufer. Die kleine Piazza war mondhell, die schöne Fassade der Scuola di San Marco glänzte auffallend hervor, das wundervolle Reiterstandbild des Colleoni stand ernst und wuchtig gegen den Himmel. Das gewaltige Denkmal des fünfzehnten Jahrhunderts steht mit seiner trotzigen Schönheit im wunderbaren Kontrast zum übrigen Venedig, dessen Schönheit durchaus weich und musikalisch ist, und dieser Kontrast fiel mir heute ganz besonders auf.«[1]

Bei meinem letzten Aufenthalt in Venedig wohnte ich direkt an der Oper *La Fenice* im Hotel *La Fenice et des Artistes*, in dem viele Sänger und Künstler absteigen. Üppige Fotowände im Aufenthaltsraum geben Zeugnis davon. Ich hatte ein kleines, sonniges Zimmer mit dunkelroter Seidentapete und wenigen, alten Möbeln, und wenn ich das Fenster weit öffnete, kam immer von irgendwoher eine Musik – aus den Proberäumen der Oper, vom Einsingen der Sänger, aus den Gondeln des nahen Kanals, manchmal ging einfach nur unten jemand vorbei und sang. Es war März, sonnig, aber kühl. Keine Mahlzeiten auf der Terrasse. Eva Demski hat vor Jahren im Sommer auch dort gewohnt und schreibt in ihrem Venedig-Buch: »*Wohnte man in dem von Geistern überfüllten Hotel Fenice direkt neben dem Theater, wurde man von Musik umhüllt wie von einem üppigen, schweren Mantel, schon morgens beim Frühstück auf den kleinen Terrassen konnte man sich über die Disposition der Sängerinnen und Sänger kundig machen, hörst du? In Rom soll sie schon Schwierigkeiten gehabt haben.«*[2]

oben: Blick aus dem Fenster des Hotels *La Fenice et des Artistes*
unten: Fotowand im Hotel

[1] Hermann Hesse, *Italien*
[2] Eva Demski, *Venedig – Salon der Welt*

Ernst Bloch fiel auf: *»Noch hundert Schritte vom Teatro Fenice ist die Operlust vernehmbar, welche dort stattfindet im Liebesduett, und nirgends findet sie ungestörter ihre Umwelt, ihren Widerhall; so ruhig ist die durch und durch bewohnte Stadt, so sehr lässt sie der Musik Raum.«*[1]

Venedig ist eine Stadt, die entweder vom Wasser aus per Boot, per Schiff erfahren werden kann oder die man sich erlaufen muss. Man ist viel zu Fuß, und wer viel läuft, sieht und hört auch viel. Jean-Paul Sartre hat bei seinem Aufenthalt in Venedig gesagt: *»Hier nimmt das Gehen wieder seinen natürlichen Adel an, hier ist das Gehen heilig.«*[2]

Das stimmt wirklich, und immer spüre ich: Unter dem Pflaster ist hier nicht der Strand, sondern gleich das Meer, ich gehe auf schwankendem Boden sozusagen, nichts ist sicher und fest verankert, und mir wird klar, dass die Sicherheit eine Illusion ist und das Schweben der normale Zustand. Ich lasse mich hineinfallen, zeit- und raumlos.

Man darf in Venedig nicht mit Ohrstöpseln herumlaufen, man sollte nicht einmal Radio hören – es gibt genug Musik, von morgens bis abends, und in den Nächten sowieso. Und nach sehr, sehr viel Vivaldi, Verdi, Albinoni landet man manchmal in der Nähe von *San Marco* im für Venedig noch neuen Hardrock Café am *Bacino Orseolo* und gibt sich die volle Dröhnung: Freddy Mercury, Jimi Hendrix, Janis Joplin, Jefferson Airplane, die Eagles und Santana bis zum frühen Morgen. Und dann singt schon wieder in einer Gasse jemand leise ein zartes, frühes Lied. Es endet ja nie.

[1] Ernst Bloch, *Venedigs italienische Nacht*

[2] Jean-Paul Sartre, *König Albemarle oder Der letzte Tourist*

»Auf der anderen Seite des Gässchens spielt wieder jemand aus dem ›Wohltemperierten Klavier‹ – ich bin mir sicher, dass es das ist, eines der Präludien vielleicht. So besänftigend, obwohl darin auch eine Leidenschaftlichkeit, eine Aufgewecktheit liegt, wie Wasser, das über Kiesel plätschert. Zu Wasser geworden, flüchtig. Ich hatte das Klavierspiel bereits früher am Abend gehört, als ich zu meinem spätabendlichen Bummel ausging. Heute ist Halbmond, der den ausgebleichten Stein der Stadt in das tiefe Blauschwarz ihres Himmels und ihrer Schatten taucht. Menschen schwebten wie Rauchwolken vorbei.«[1]

Wo es still ist, wirkt jedes Geräusch stärker, entfaltet sich auch das leise Anschlagen von Wasser gegen die alten Mauern als Musik, klingt jeder Ton reiner, unmittelbarer. Wo es still ist, wo es jahrhundertelang still war, da konnte Musik entstehen. Carlo Goldoni, der große venezianische Theaterdichter und Opernlibrettist, schrieb 1788 über die allgegenwärtige Musik: *»Auf Plätzen und Straßen und Kanälen, überall wird gesungen: die Kaufleute singen und stellen ihre Waren aus, die Arbeiter singen auf dem Heimweg von der Arbeit, die Gondelführer singen, während sie auf ihre Herrschaften warten.«*[2]

Carlo Goldoni
Gemälde von Alessandro Longhi

Goldoni beschreibt in seinen Lebenserinnerungen immer wieder seine Heimatstadt Venedig und verzweifelt fast daran, denn: *»Venedig ist eine so ungewöhnliche Stadt, dass man sich kein richtiges Bild von ihr machen kann, wenn man sie nicht gesehen hat. Karten, Pläne, Modelle, Beschreibungen genügen nicht – man muss sie sehen. Alle Städte der Welt gleichen einander mehr oder weniger: diese gleicht keiner anderen.«*[2]

folgende Doppelseite:
Innenhof der *Casa Goldoni*

[1] Robert Dessaix, *Briefe aus der Nacht*
[2] Carlo Goldoni, *Mein Theater – Mein Leben*

Und er macht uns auf Kleinigkeiten aufmerksam wie die viereckigen Platten aus istrischem Marmor in der *Via della merceria*, die zur *Rialto*-Brücke führt: Der Marmor ist mit Meißelschlägen aufgeraut, damit man nicht ausgleitet.

»Venedig«, schreibt Jean-Paul Sartre, *»ist überall Venedig. Ich kenne keine Stadt, die sturer sich selbst gleich bleibt.«*[1]

Charles Burney
Gemälde von Joshua Reynolds, 1781

Nicht nur diese Stadt ist besonders und einmalig, auch ihre Musik ist es, und der Engländer Charles Burney, der 1770 und 1772 zwei Reisen auf das europäische Festland unternahm, um Material für eine umfassende Musikgeschichte zu sammeln, wusste auch, was das Geheimnis der venezianischen Musik ist oder war: *»Es kommen viele Umstände zusammen, um die venezianische Musik besser und allgemeiner zu machen, als sie sonst irgendwo ist: die Venezianer haben außer den theatralischen wenig Belustigungen. Spazierengehen, Reiten und andere ländliche Ergötzungen sind ihnen versagt. Diesem hat man es einigermaßen zuzuschreiben, dass die Musik so häufig ist und mit so vielem Aufwande betrieben wird.«*[2]

Burney kam zum ersten Mal nach Venedig und hörte sofort Musik: *»Die erste Musik, die ich hörte, war auf der Gasse den Augenblick, da ich ankam, und zwar von einer herumreisenden Bande von zwo Geigern, einem Violoncell und einer Singstimme. Hier bemerkte man sie freilich ebenso wenig, als in England ein Fischer- oder Zitronenweib bemerkt wird, sie machten es indessen so gut, dass sie in einem jeden anderen Lande von Europa nicht allein Aufmerksamkeit erregt, sondern den Beifall würden gefunden haben, welchen sie billigerweise verdienten. Die beiden Geiger spielten*

[1] Jean-Paul Sartre, *König Albemarle oder Der letzte Tourist*
[2] Charles Burney, *Tagebuch einer musikalischen Reise*

die schweren Passagen mit Nettigkeit, der Bass spielte rein und ferm, und die Stimme, eine weibliche, hatte einen guten Ton und verschiedne andere nötigen Eigenschaften einer guten Sängerin, als z. E. Umfang, Triller und Fertigkeit der Kehle. Doch will ich der Musiken von der Gattung, welche ich hier angetroffen habe, nicht alle erwähnen. Sie kommen so häufig vor, dass die Wiederholung langweilig werden würde.«[1]

Was machen eigentlich Kinder in Venedig, dieser melancholischen, im Wasser liegenden, für kleine Schritte so gefährlichen Stadt ohne Wiesen, ohne Parks, ohne Spielplätze? »*Venedig ist keine Stadt, zu der man Kindsein assoziiert*«, schreibt der amerikanische Schriftsteller Harold Brodkey, der als sehr junger Mann in Venedig war und 1996 zum Sterben zurückkam. Er hat auch über die Glocken von Venedig geschrieben: »*Die ersten Klänge von Glockentürmen, die verdeckt weiter entfernt stehen, kommen nur gedämpft an, sie werden von den Häusern entlang der gewundenen Calli zum Teil aufgefangen. Doch dann beginnen die Glocken der sichtbaren Türme zu läuten, die von San Stefano und der Frari-Kirche, die Marangon-Glocke und die übrigen von San Marco erschallen lauter, näher, dringlicher, ihre Klänge vermengen sich mit dem gedämpften, ferneren Bimmeln, erfüllen die geballte Faust der Stadt mit arhythmischem Lärm.«*[2]

1993 war die Musikkritikerin Eleonore Büning auf dem Festival für zeitgenössische Musik in Venedig, das es inzwischen seit mehr als achtzig Jahren gibt. Sie hörte ein Konzert mit neuer Musik und empfand das venezianische Glockengeläute als barbarische Störung: »*Jeden Abend pünktlich um halb*

[1] Charles Burney, *Tagebuch einer musikalischen Reise*
[2] Harold Brodkey, *Venedig*

Piazzetta San Marco mit dem Säulengang des Dogenpalastes

sieben läuten die Glocken von Santo Fantin. Und jedes Mal spielt sich dann vis à vis im Teatro La Fenice, oben im Kammerkonzertsaal, ein kurzer Kampf ab mit dem immer gleichen Ergebnis: Es siegt, knallhart, das Leben über die Kunst. Gnadenlos schlägt das Gebimmel die schönsten Pausen kurz und klein. Die Glocken walzen mit schmutzigen Terzen zarteste mikrotonale Pianissimi nieder, sie übertönen fein in die Länge gezogene Flautandi von Violinen und morden ins Nichts versickernde letzte Glissandi-Seufzer einer Flöte. Allabendlich geht auf solch grausame Art eine Ur- oder wenigstens eine Erstaufführung zugrunde. Eigentlich müssten die Musiker jedes Mal innehalten, ihre Instrumente absetzen, abwarten und, wenn der Spuk vorbei, noch einmal von vorne anfangen. Aber sie wahren, wie das Publikum, Fassung. Man tut nobel so, als hätte man nichts bemerkt.«[1]

So wird es dann wohl auch Strawinsky ergangen sein, der während des Festivals für zeitgenössische Musik oft nach Venedig kam, um im *La Fenice* eigene Werke zu dirigieren, unter anderem im September 1951 die Uraufführung seiner Oper »*The Rake's Progress*«.

Beim Konzert können Glocken stören – auch in der Kölner Oper hört man mitunter an besonders leisen Stellen – »*Pace! pace!*« – das Gebimmel des Glockenspiels der Firma 4711 direkt nebenan. Aber Glocken können auch den tiefen, schönen Grundklang einer Stadt bilden. James Morris beklagt, dass das heutige Venedig nicht mehr die große Musikstadt mit blühenden Konservatorien von einst ist, aber die Glocken, schreibt er, seien noch da: »*Wer die Glocken Venedigs hören will, komme am besten an Weih-*

[1] Eleonore Büning, *Kein Heiligenschein für Luigi Nono*

nachten, wenn die Luft dunstgedämpft ist und die Geräusche der Stadt tief und voll sind wie Rosinenpudding. Ein herrliches Gedröhn von Glocken erklingt am Weihnachtsmorgen, vornehme Glocken und tolle Glocken, spröde Glocken und pompöse Glocken, gesprungene Glocken und freundliche Glocken, dazu barsche, vorwurfsvolle Glocken. Die Glocken von San Trovaso klingen genau wie Kuhglocken in den Alpen. Die Glocken der Carmini-Kirche spielen die ersten Töne der Hymne von Lourdes. Die Glocken von Santa Maria Zobenigo werden, wie ein Beobachter der viktorianischen Zeit berichtet, ›mit solcher Hartnäckigkeit geläutet, dass die ganze Nachbarschaft der Verzweiflung nahe sein muss‹. Die Glocken der Kapelle der Jungfrau in der Nähe von San Giobbe gingen den Mönchen des benachbarten Klosters so auf die Nerven, dass sie im Jahre 1515 nachts plötzlich hinausgingen und den kleinen Campanile bis auf den Erdboden abtrugen: sie mussten ihn auf eigene Kosten wieder aufbauen lassen.

Das Geläut von San Salvatore erklingt in erregender Dissonanz, in den Tönen Es, Des und B, wie ich mir sagen ließ. Die große Marangona-Glocke, aus den Ruinen des alten Campanile von San Marco gerettet, ertönt nicht mehr, sondern hängt stumm, zerbrechlich und ehrwürdig im Glockenturm; aber die neue große Glocke von San Marco darf als einzige um Mitternacht läuten und erklingt auch in unregelmäßigen Abständen während des Tages. Es gibt eine kleine Glocke, die an der Nordwestecke der Basilika unter einem kleinen Steinbaldachin die Stunden schlägt, und sie scheint als Startsignal für die beiden alten Mohren auf dem Uhrturm zu wirken, die sogleich zum Schlag ihre Hämmer heben. Alle diese Glocken und noch hundert an-

dere heißen Weihnachten mit einem mitternächtlichen Tusch willkommen, und noch lange hallende Minuten nach der vollen Stunde kann man sie weiterläuten hören, leiser und leiser über die Lagune hinweg, gleich gesprächigen alten Herren, die langsam in Schlaf fallen.«[1]

Joseph Brodsky, der aus Petersburg stammte, auch einer Stadt mit viel Wasser, mit Kanälen, Brücken und Palästen, mit Kirchen und Glocken, hat in »*Ufer der Verlorenen*« Venedig ein Denkmal gesetzt.

»Im Winter erwachst du in dieser Stadt, vornehmlich am Sonntag, beim Läuten unzähliger Glocken, als vibriere hinter deinen Gazevorhängen ein gigantisches Teeservice aus Porzellan auf einem silbernen Tablett im perlgrauen Himmel. Du reißt das Fenster auf, und das Zimmer wird im Nu von diesem geläutbefrachteten Dunst draußen überflutet, der zum Teil aus Sauerstoff und zum Teil aus Kaffee und Gebeten besteht.«[2]

Luigi Nono, venezianischer Komponist, sagte über die Glockenklänge Venedigs: *»Sie sind Lebenszeichen über der Lagune, über dem Meer. Aufforderungen zur Arbeit, zum Nachdenken, Warnungen. Und das Leben geht dabei weiter in der durchlittenen und heiteren Notwendigkeit des ›Gleichgewichts im tiefen Inneren‹, wie Kafka sagt.«*[3]

Der Traum des Heiligen Markus
Mosaik in der Basilika *San Marco*

Bis 330 soll das, was heute Venedig ist, eine Provinz von Byzanz gewesen sein, aber um die Mitte des 5. Jahrhunderts entstand es in seiner heutigen Form – auf Sandbänken und mehr als hundert Inseln in der Lagune, man sagt, auf der Flucht vor den Hunnen und den Langobarden. Kann das stimmen? Die Hunnen ritten auf Pferden – übers Meer? Egal: die

[1] James Morris, *3mal Venedig*
[2] Joseph Brodsky, *Ufer der Verlorenen*
[3] Luigi Nono in: Max Nyffeler, *Der Querdenker von der Giudecca*

im Gebiet Venetien lebenden Menschen flüchteten nicht zum Spaß.

Bei Goethe liest sich das wunderbar lakonisch so: *»Dieses Geschlecht hat sich nicht zum Spaß auf diese Inseln geflüchtet, es war keine Willkür, welche die Folgenden trieb, sich mit ihnen zu vereinigen; die Not lehrte sie, ihre Sicherheit in der unvorteilhaftesten Lage suchen, die ihnen nachher so vorteilhaft ward und sie klug machte, als noch die ganze nördliche Welt im Düstern gefangen lag …«*[1]

Einsetzung Antonio Grimanis als Doge durch den Heiligen Markus am 21. Juli 1521
Allegorische Darstellung des Amtseides; Buchmalerei, Venedig, 1521

Man errichtete Häuser auf Pfählen, und als diese Ansiedlung von Karl dem Großen das Handelsprivileg bekam, begann der wirtschaftliche Aufschwung.

Zunächst wechselte man den Schutzheiligen: das war bisher der heilige Theodorus gewesen, der aber noch viel zu sehr nach Byzanz gehörte. Neuer Schutzheiliger wurde Markus, dessen Reliquie man 823 in Alexandria raubte – versteckt in einem Fass mit gepökeltem Schweinefleisch, weil die Muslime das bei der Ausfuhr nicht kontrollierten: die Berührung von Schweinefleisch war ihnen verboten. Jetzt war ein passender Heiliger da, die Kathedrale wurde gebaut, brannte ab, ob der Heilige mit verbrannte oder noch unten in den Steinen liegt – wer weiß das. Der Löwe, Symbol des Evangelisten Markus, wird zum Wappentier Venedigs. Er schaut über den Platz, hoch, weise, gelassen, die Musik der Jahrhunderte im Ohr.

Der Markuslöwe, Symbol des Evangelisten Markus und Venedigs

Die Vorherrschaft über die Adria war gesichert, nun begann das goldene Zeitalter der mächtigen Eroberungen, der Kreuzzüge, der Koloniegründungen im Orient, der Anhäufung großer Reichtümer. Um die *Rialto*-Brücke herum entstand das geschäft-

[1] Johann Wolfgang von Goethe, *Italienische Reise*

Marco Polo verlässt Venedig
Buchmalerei aus dem
15. Jahrhundert

liche Viertel, um den Markusplatz das politische und religiöse Zentrum, das Arsenal erwuchs zur stattlichen und größten Schiffswerft der damaligen Welt. Heute werden keine großen Schiffe mehr in Venedig gebaut, aber noch immer Gondeln – nach den alten, strengen Maßstäben. Alles ist genormt: 10,85 Meter lang, 1,42 Meter breit, asymmetrische Form, damit ein Mann mit einem Ruder bequem stehen kann.

Wo Geld wächst, da wächst in der Regel auch Kultur, Fürsten wollen Paläste, Bilder, Musik, Feste. Wie ein Fragezeichen schlängelt sich der *Canal Grande*, ein altes Flussbett, durch die erblühende Stadt, an den Kanälen entstehen die *palazzi* der großen Familien, in den Palästen arbeiten Künstler: Tiepolo, Giorgione, Tizian, Tintoretto, Veronese. Die bedeutendsten Maler. Und Musiker kommen, Willaert aus Flandern, Monteverdi aus Mantua, Claudio Merulo, der bravouröse Orgelspieler und Meister der Toccata kam aus Brescia und wurde Organist an *San Marco*, Alessandro Scarlatti schickte seinen Sohn Domenico nach Venedig, und in seinen Sonaten hört man den Einfluss Vivaldis. Heinrich Schütz reiste aus Köstritz in Thüringen an, Johann Rosenmüller, der Posaunist, aus Leipzig, die Tieffenbruckers, berühmte Lautenbauer, aus Füssen, Händel aus England, Mozart kommt 1771 mit seinem Vater, später dann kamen Humperdinck, Wagner, Liszt, Verdi sowieso, Louis Spohr kam und dirigierte Beethovens Zweite Sinfonie, Mendelssohn Bartholdy fand wenig interessante Musik in Venedig und bewunderte eher die Gemälde, komponierte aber doch fleißig angeregt in der Lagunenstadt, wie – noch viel später – Igor Strawinsky.

Venetia
Stich von Matthaeus Merian, 1650

»Nur wenige Orte der Welt können sich in ihrer musikgeschichtlichen Bedeutung mit Venedig messen.«[1]

Nur wenige? Ich wüsste keinen, und auch der Lautenist und Dirigent Konrad Junghänel sagte 2006 in einem Interview: *»Es gibt in der abendländischen Musik keinen Ort, der mithalten könnte.«*[2]

Er bezieht das vor allem auf die Musik des 17. Jahrhunderts und führt mit seinem Vokalensemble *Cantus Cölln* diese Musik auch vorrangig auf, zum Beispiel Monteverdis *»Marienvesper«* oder Werke heute fast vergessener italienischer Musiker wie Benedetto Marcello, dem Meister der Solokantate, nach dem das Konservatorium in Venedig benannt ist, das *Liceo musicale.* Über *San Marco* sagt Junghänel, dass dieser Ort, diese Architektur Komponisten sehr dazu animierte, in einer bestimmten Weise zu schreiben. Igor Strawinsky komponierte zum Beispiel ein Stück mit dem Titel *»Canticum sacrum ad honorem Sancti Marci nominis«*, das aus fünf Teilen besteht und den fünf Kuppeln von *San Marco* nachempfunden ist. 1956 wurde es im Markusdom uraufgeführt, der Komponist dirigierte selbst. Dieser Dom hat – wie viele große Kirchenräume – eine ganz besondere Akustik, in der eher ein Klangrausch, ein Ineinanderfließen der Töne entsteht als eine klar Ton für Ton im Detail gegliederte Musik. *»Die vielen kleinen Noten sind eben für den lieben Gott gedacht, der alles hört«*, sagt der wunderbare Konrad Junghänel.[2]

»Wer nicht sein Herz klopfen fühlt, wenn er auf dem Markusplatz steht, der lasse sich begraben, denn er ist tot, unwiderruflich tot.«[3]

[1] Hans Dörge, *Musik in Venedig*
[2] Konrad Junghänel, *Schwarz auf weiß*
[3] Franz Grillparzer, *Werke. Wien 1909–1948*

folgende Doppelseite:
Haus, in dem Mozart mit seinem Vater wohnte

Ankunft der englischen Gesandten
Gemälde von Vittore Carpaccio, um 1490/95 (Ausschnitt)

IN QVESTA CASA OSPITE DI AMICI
IL QVINDICENNE
WOLFGANG AMADEVS MOZART
SOGGIORNO' FESTEVOLMENTE
DVRANTE IL CARNEVALE 1771
LA CITTA' DI VIVALDI E DI GOLDONI
VVOLE QVI RICORDATO
IL FANCIVLLO SALISBVRGHESE
NEL QVALE LA GRAZIA DEL GENIO MVSICALE
E IL GARBO SETTECENTESCO
SI FVSERO IN VNA PVRISSIMA POESIA
NEL SECONDO CENTENARIO
IL COMVNE DI VENEZIA
E L'AZIENDA AVTONOMA SOGGIORNO E TVRISMO
1971

Innenansicht des Markusdoms

Ach, der Markusplatz. Um ihn leer und in voller Schönheit zu sehen, muss man nachts oder am ganz frühen Morgen hingehen. Und in dichtem Getümmel ist er an manchen Sonntagen, wenn die *Banda Municipale*, das städtische Blasorchester, ganze Sinfonien nur mit Bläsern spielt, höllisch laut und teuflisch schön.

Und der Markusdom zeigt seine Proportionen auch besser vor einem stillen dunkelblauen Nachthimmel.

San Marco ist die einzige große byzantinische Kirche, die erhalten blieb. Goethe schrieb darüber: *»Ich pflege mir die Fassade zum Scherz als einen kolossalen Taschenkrebs zu denken.«*[1]

Goethe vergleicht den Dom mit einem Taschenkrebs, Mark Twain, der ewige Spötter, gar mit einer Wanze: *»In Venedig hält man sich ziemlich viel in der Kathedrale auf. Sie besitzt eine merkwürdige Anziehungskraft – teils, weil sie so alt ist, und teils, weil sie so hässlich ist. Allzu vielen berühmten Gebäuden der Welt fehlt es an einer Haupttugend – Harmonie; sie bestehen aus einer planlosen Mischung des Hässlichen und des Schönen; das ist schlimm; es ist verwirrend, es ist beunruhigend. Man empfindet ein Gefühl des Unbehagens, der Bedrängnis, und man weiß nicht, warum. Aber angesichts der Markuskirche bleibt man ruhig, in ihr ist man ruhig, auf ihr wäre man ruhig, in ihrem Keller ruhig; denn ihre Details sind meisterhaft hässlich, nirgends drängen sich falsch angebrachte und unpassende Schönheiten auf; und das Ergebnis ist ein großartiges, harmonisches Ganzes an wohltuender, entzückender, beruhigender, seelenlabender Hässlichkeit. Für mich wurde sie bald so erhaben, so großartig häss-*

Die *»riesige, warzige Wanze«*:
oben: San Marco, Blick auf die Westfassade
unten: San Marco und *Torre del'Orologio*, Photochrome, um 1890/1900

[1] Johann Wolfgang von Goethe, *Italienische Reise*

lich, dass es mir schwerfiel, ihr auch nur für kurze Zeit fernzubleiben. Jedes Mal, wenn ihre untersetzten Kuppeln aus meinem Blickfeld schwanden, überkam mich ein Gefühl der Verzagtheit; immer, wenn sie wieder erschienen, empfand ich ehrliches Entzücken – ich habe keine glücklicheren Stunden erlebt als die, welche ich täglich vor dem Café Florian verbrachte, von wo aus ich die Kirche über den großen Platz hinweg betrachten konnte. Auf ihre lange Reihe niedriger, dickbeiniger Säulen gepflanzt, den Rücken mit Kuppeln bepflastert, sah sie aus wie eine riesige, warzige Wanze, die nachdenklich spazieren geht.«[1]

Charlie Chaplin, auch ein Amerikaner ohne besonderen Sinn für den Markusdom, wünschte sich ein Gewehr, um von der Bibliothek an der *Piazza San Marco* Stück für Stück die Marmorfiguren herunterzuschießen.

Es gibt zahlreiche musikalische Besonderheiten in Venedig. Eine davon: Bestimmte Kirchen – zum Beispiel *Il Redentore* auf der Giudecca oder *San Francesco della Vigna* gegenüber von San Michele – wurden nach musikalischen Gesichtspunkten gebaut, und dabei ging es nicht um den Klang im Raum, sondern tatsächlich um eine architektonische Struktur nach den Zahlenverhältnissen harmonischer Intervalle in der Musik. Die übertrug man auf die für ein Bauwerk geltenden Proportionsgesetze. Von Platon kennen wir die pythagoräische Zahlenordnung, die die sichtbare Harmonie der Sphäre ebenso bestimmt wie die unsichtbare der Musik. Die Zahlen, die für das Ebenmaß der Stimmen und Töne gelten, sollten auch für die Harmonie eines Bauwerkes zur Berech-

Blick auf *Il Redentore* heute

[1] Mark Twain, *Bummel durch Europa*

Andrea Gritti
Ausschnitt aus einem Gemälde von Tintoretto aus der Reihe der 76 historischen Dogenbildnisse im Dogenpalast

nung dienen, und das ist nicht so ganz einfach zu verstehen, auch wenn man sofort fühlt, dass etwas dran ist an diesem Gedanken. Für die, die es näher wissen wollen, hier ein kleiner Ausschnitt aus einem Gutachten von 1535. Geschrieben hat es ein gebildeter Franziskaner, Francesco Giorgi, auf Wunsch des Dogen Andrea Gritti, nachdem der Bau von *San Francesco della Vigna* 1534 nach einem Entwurf von Jacopo Sansovino begonnen wurde. Da heißt es:

»Um die Kirche in jenen kunstgerechten, völlig harmonischen Proportionen zu erbauen – was geschehen kann, ohne etwas von dem schon Ausgeführten zu verändern – würde ich verfahren wie folgt: Ich möchte, dass die Weite des Schiffes 9 Doppelschritte sei (1 Doppelschritt = ca. 1,8 Meter), welches das Quadrat von 3 ist, der vornehmsten und göttlichsten Zahl. Die Länge des Schiffes, die 27 sein soll, ist das Dreifache von 9, das ist eine Oktave und eine Quinte. (…) An dieser Symmetrie wird auch der Chor teilnehmen. Er wird weitere 9 Doppelschritte lang sein und also eine fünffache Proportion in Beziehung zur Weite bilden: das ergibt die sehr schöne Harmonie einer doppelten Oktave und einer Quinte.«[1]

So geht es weiter, und so wurde gebaut, später gestaltete Andrea Palladio die Außenfassade. Und wenn man in *San Francesco della Vigna* steht, fühlt man Harmonie und himmlisches Ebenmaß. Viele Musiktheoretiker und Historiker haben sich mit dem Geheimnis musikalischer Proportionen solcher Bauwerke auseinandergesetzt, der Brite Hugh Honour schreibt über *Il Redentore*: *»Die Pilaster an den Ecken und die Halbsäulen beiderseits der Tür sind zwei Drittel so hoch wie die Hauptsäulenordnung, und die Breite*

[1] Hans Dörge, *Musik in Venedig*

des Mittelteiles der Fassade beträgt zwei Drittel der Gesamtbreite, was das Verhältnis 2:3, also eine harmonische Quinte, darstellt. Dieses Größenverhältnis nun lässt sich auch als 4:6 und untereilt als 4:5 und 5:6 darstellen, was in der Harmonielehre eine Dur- und eine Moll-Terz ergibt. Man ist folglich nicht überrascht zu erfahren, dass die Höhe der Fassade vier Fünftel ihrer Gesamtbreite beträgt und die Breite des Mittelteils fünf Sechstel seiner Höhe ausmacht.«[1]

Jacopo Sansovino
Gemälde von Tintoretto

Der Architekt Sansovino war von Gritti auch zum *proto* ernannt worden, zum obersten Baumeister von *San Marco*. Er restaurierte die Hauptkuppel und gestaltete den Markusplatz so, wie wir ihn heute sehen.

Dank sei dem klugen Andrea Gritti, dessen Leichnam 1580 in diese Kirche *San Francesco della Vigna* überführt wurde – eine Gedenktafel erinnert hier an den großen Dogen, dem Venedig so viel verdankt.

Er war es, der 1527 den Flamen Adrian Willaert nach Venedig holte, den Begründer der venezianischen Schule, den Begründer des Weltruhms venezianischer Musik. Als Willaert Kapellmeister an *San Marco* wurde, wurde die Kathedrale mehr als nur eine Art Hauskapelle des Dogen. Sie wurde das Zentrum der europäischen Musik. Das bedeutet nicht, dass man unter venezianischer Schule nur Kirchenmusik zu verstehen hat. Außerhalb der Messen gab es Musik, Konzerte, Tanz in den Palästen der *nobili*. Der berühmte, hochgebildete Graf Baldassare Castiglione, ein Freund Raffaels, der ihn auch großartig porträtiert hat, hat in seinem Buch *»Il libro del cortegiano«* 1528 so darüber geschrieben: *»Ihr müsst wissen,*

Baldassare Castiglione
Gemälde von Raffael, 1514

[1] Hugh Honour, *Venedig*

Signori, dass ich mich mit dem Hofmann nicht zufriedengebe, wenn er nicht auch Musiker ist und sich auf verschiedene Instrumente versteht und außerdem im Singen und Spielen nach Partituren erfahren und sicher ist. Denn wenn wir es recht bedenken, kann man in der Muße keine schicklichere und löblichere Erholung von Mühen und keine bessere Arzenei für kranke Gemüter finden als Musik, und hauptsächlich an Höfen, wo man, außer dass sie jedem eine Zuflucht vor Überdruss verschafft, vieles tut, um den Damen zu gefallen, deren zarte und weiche Herzen leicht von Harmonie durchdrungen und von Süßigkeit erfüllt werden. Es ist daher kein Wunder, wenn sie in alten und gegenwärtigen Zeiten den Musikern stets geneigt gewesen sind und die Musik als höchst angenehme Herzensspeise betrachten.«[1]

Adrian Willaert
Kupferstich, Venedig, 1559

Es sei dringend noch hinzugefügt, dass Castiglione die Damen nicht etwa auf zarte, weiche Herzen reduziert. Er hielt sie für vollkommene und dem Mann völlig ebenbürtige Geschöpfe und war überzeugt, *»dass alles, was die Männer begreifen können, auch von Frauen begriffen werden kann und dass, wohin der Verstand des einen dringt, der der anderen auch dringen kann.«*[1]

Das waren für die Renaissance völlig ungewöhnliche, aufgeklärte Gedanken, sie sind es ja zum Teil noch heute …

Zurück zu Adrian Willaert, dem flämischen Musiker, Komponisten, Lehrer. Aus Flandern brachte er den polyphonen Gesang mit, verband ihn mit der norditalienischen Tradition, die Chöre an verschiedenen Stellen der Kirche aufzustellen – die vielen Emporen in *San Marco* boten sich an dafür, und so

[1] Baldassare Castiglione, *Das Buch vom Hofmann*

entstand ein einzigartiger Klang, das, was wir vielleicht heute den »*surround*-Effekt« nennen würden: Der Zuhörer befand sich im Mittelpunkt der Musik.

San Marco mit seinen Organisten war damals ein Zentrum europäischer Musikkultur. 1094 wurde die Basilika geweiht, und schon da soll es eine Orgel und einen Organisten an *San Marco* gegeben haben, namentlich genannt wurde ein Organist aber erst 1316, ein Signore Zucchetto, und er spielte auf einer deutschen Orgel. Ab dem Beginn des 15. Jahrhunderts gab es einen Chor, regelmäßige Konzerte, und etwa vom 16. bis zum 18. Jahrhundert pilgerten Musiker aus aller Welt nach Venedig, um zu hören und von der venezianischen Schule zu lernen. Übrigens beschäftigten die mächtigen Dogen eine Gruppe von *pifferi*, Pfeifern, der bekannteste unter den *pifferi* war der 1492 geborene Silvestro Ganassi, dessen Blockflötenschule bis heute in Gebrauch ist.

Die venezianischen Musiker waren so gut, dass zum Beispiel Heinrich VIII. einige davon an seinen Hof abgeworben hat. Aber meist war das Umgekehrte die Regel: Europäische Fürsten schickten ihre Musiker nach Venedig, damit sie dort lernen sollten. So kam zum Beispiel der Deutsche Heinrich Schütz als junger Mann auf Wunsch und mit einem Stipendium des Landgrafen Moritz von Hessen-Kassel 1609 für drei Jahre nach Venedig und lernte bei Giovanni Gabrieli.

Giovanni Gabrieli
Gemälde von Annibale Carracci

Die Venezianer Andrea und Giovanni Gabrieli führten die Mehrchörigkeit zur Perfektion. Giovanni, Andreas Neffe, war als Komponist hoch angesehen. Er gilt als der Erfinder der Triosonate, der Violinsonate, und er hat eben beileibe nicht nur Kirchenmusik

Die Verkündigung an Maria
Gemälde von Tintoretto, um 1583/87 (Ausschnitt); in der *Scuola Grande di San Rocco*

Die Flucht nach Ägypten
Gemälde von Tintoretto, um 1583/87 (Ausschnitt); in der *Scuola Grande di San Rocco*

geschrieben, sondern auch Musik für Festbankette, unterhaltend und prachtvoll instrumentiert, und zum ersten Mal tauchte bei einer 1587 veröffentlichen Sammlung von Musikstücken der Gabrielis das Wort *concerto* auf. Giovanni Gabrieli, eigentlich Organist an *San Marco*, unterrichtete an der *Scuola Grande di San Rocco*, einer der großen Schulen wohltätiger Laienbruderschaften, die prächtige Feste mit oft bis zu einhundert Musikern feierten.

Seit dem 13. Jahrhundert gab es diese Schulen, diese *scuole*, in Venedig, zu Beginn des 18. Jahrhunderts sollen es mehr als 350 gewesen sein. Sie waren manchmal auch Handwerksgemeinschaften, Bezugspunkte von Ausländern, verarmten Adeligen, Kranken, ihr Ziel war gegenseitige Unterstützung und Förderung, sie waren religiös, künstlerisch und politisch immer von großer Bedeutung. Sie waren reich: In der *Scuola Grande di San Rocco*, wo Gabrieli unterrichtete, gestaltete Tintoretto, mit ihm befreundet, die Wände und die Decke mit insgesamt gleich 46 üppigen Bildern – er selbst war übrigens auch nicht nur Maler, sondern ein begabter Musiker, der viele verschiedene Instrumente spielen konnte und sogar bizarre Instrumente erfand; auf vielen seiner Bilder sieht man musizierende Figuren.

In der Kirche *San Stefano* ist Gabrielis Grabplatte. In dem Moment, als ich mich bücke, um auf dem abgetretenen Marmor etwas besser die Inschrift lesen zu können, beginnt in der Kirche leises Orgelspiel – ich habe noch nie an Zufall geglaubt.

Adrian Willaerts berühmtester Nachfolger war Claudio Monteverdi, der große Monteverdi aus Cremona, der letzte Madrigalist wird er genannt. 1613 kommt er als Kapellmeister nach *San Marco*, und er baut einen berühmten Chor mit mehr als dreißig Sängern auf. Einer dieser Sänger war Francesco Cavalli, zuerst im Knabenchor, dann als erwachsener Mann, und er wurde später übrigens dort auch Kapellmeister. Vor allem aber schrieb er Opern, man sagt, zweiundvierzig Opern allein für Venedig, etwa dreißig davon kennen wir heute noch, die Noten liegen in Venedig in der *Biblioteca Marciana*, seine Oper »*La Calisto*« führte René Jacobs 1996 auf. Cavalli reduzierte Monteverdis Orchester und machte die ganze Sache schmissiger, populärer; er war es, der den *belcanto* einführte und schöne, melodiöse *lamenti* singen ließ.

Die Stadt Venedig beruft Monteverdi, nachdem er in Mantua entlassen worden war – eine in Auftrag gegebene Messe hatte missfallen. Und so wird aus einem beruflichen Scheitern die Karriere eines der berühmtesten Musiker der Welt. Bis ins hohe Alter blieb *il divino Claudio*, der göttliche Claudio, in Venedig, lehrte, komponierte, etablierte Venedig als Stadt der Musik.

Und er brachte die Oper. 1637: das erste Opernhaus der Welt, *San Cassiano*, hier in Venedig! Es gab schon Musiktheater an den Höfen, aber *San Cassiano* war das erste öffentliche, allen Bürgern zugängliche Opernhaus, gegründet von zwei Sängern, Francesco Manelli und Benedetto Ferrari, und auf der Grundlage freien Unternehmertums von einem *impresario* geleitet. Es musste wirtschaftlich arbeiten, das heißt: Rücksicht nehmen auf die Launen und den Geschmack des Publikums. Das wurde dann na-

Gabrielis Grabplatte

türlich die große Zeit der Primadonnen und Sänger, man wollte seine Lieblinge sehen und hören, seine Stars, die höchsten Töne, die schillerndsten Kostüme, die virtuosesten Arien, spektakuläre Bühnenmaschinerien, die das Ballett aus dem Bühnenhimmel schweben ließen – und man saß nicht still auf Samtstühlen, man schlenderte herum, redete, zeigte sich, tätigte Geschäfte in Geld- oder Liebesdingen, und auf der Bühne fand die Oper statt, allabendlich.

Die größten Stars der Zeit traten auf: Farinelli, der berühmte Kastrat aus Neapel, dessen Stimme leicht über drei Oktaven reichte, Faustina Bordoni, Venezianerin, die als Sängerin mehr verdiente als Kaiser und Könige und die den ursprünglich aus Hamburg stammenden Johann Adolf Hasse heiratete, Kapellmeister am *Ospedale degli Incurabili.*

Dass die Oper so raschen Erfolg hatte, hängt auch mit einer verheerenden Pest-Epidemie 1630 zusammen, nach der die Blütezeit der Chöre von *San Marco* vorbei war. Das neuerwachte Musikleben nach der Katastrophe ging nicht mehr von den Kirchen, sondern von den Opernhäusern aus. Sieben weitere Opernhäuser folgen schon in den nächsten dreißig, vierzig Jahren, eine Stadt mit etwa 200.000 Einwohnern hat bis zum Beginn des 18. Jahrhunderts zeitweise sechzehn Opernbühnen. Wir schicken einen wehmütigen Gruß an das millionengroße Berlin, das mit drei Opern schon komplett überfordert ist.

Und wehmütig blicken wir auch auf die Spielpläne – bis zum Ende des 17. Jahrhunderts, also in rund sechzig, siebzig Jahren, wurden insgesamt 358 verschiedene Opern in Venedig aufgeführt. Und

Farinelli
Allegorisches Porträt von
Jacopo Amigioni

heute? *Fidelio, Fidelio, Fidelio, Carmen, Carmen, Carmen. Die Zauberflöte.*

Monteverdi gilt als Komponist der ersten Oper. Dabei war es wohl ein anderes Werk, das zuerst als Musikdrama auf die Bühne kam: »*Dafne*« von Jacopo Peri, dem Langhaarigen, *il zazzerino*, 1595 erstmals in Florenz aufgeführt, die Musik gilt weitgehend als verloren. Die älteste, heute noch immer aufgeführte Oper aber ist Claudio Monteverdis »*L'Orfeo*«, uraufgeführt in Mantua 1607, meine Zeitrechnung für die Oper beginnt damit.

L' ORFEO
FAVOLA IN MVSICA
DA CLAVDIO MONTEVERDI
RAPPRESENTATA IN MANTOVA
Anno 1607 & nouamente data in luce
AL SERENISSIMO SIGNOR
D. FRANCESCO GONZAGA
Prencipe di Mantoua, & di Monferrato, &c
In Venetia Appresso Ricciardo Amadino
M D C IX.

Titelbatt der Buchausgabe »*La Favola d'Orfeo*« von Claudio Monteverdi, Venedig 1609

Mir gefällt der Gedanke, dass der erste Held des neuen Musiktheaters ein Orpheus war, weil doch der Mythos des Orpheus wie kein anderer von der lebensrettenden Kraft der Musik erzählt: Orpheus verliert seine geliebte Eurydike, die er mit seinem betörenden Gesang von den Toten erweckt und aus der Unterwelt zurückholt, weil er sich im letzten Moment zweifelnd umdreht – er traut der Kunst nicht und verliert alles. Schöner kann das Zeitalter der Oper nicht beginnen! Und: die Oper ist nun nicht mehr etwas Exklusives für Fürsten, sondern jeder, der es sich leisten kann, geht in die Oper. Venedig war tausend Jahre lang Republik, es gibt ein breites, gebildetes Bürgertum. Was konnte man denn schon groß tun in einer Wasserstadt ohne Parks zum Flanieren, ohne große Plätze außer dem Markusplatz, ohne Alleen zum Ausreiten?

Man ging ins Theater. Logen sind über Generationen im Familienbesitz, die Karnevalssaison ist ohne täglichen Opernbesuch nicht denkbar. Die Musik verdankt dem venezianischen Karneval eine riesige

Anzahl von eigens für diesen Anlass komponierten Opern, und das waren durchaus nicht nur komische Opern – Händels »*Agrippina*« wurde zum Beispiel 27 Nächte hintereinander gespielt. Und das war auch nicht der primitiv-grellbunte Karneval von heute, sondern eine künstlerisch und politisch hochinteressante Angelegenheit.

Musizierende Engel – Ausschnitte aus dem Gemälde *Madonna mit Kind* von Giovanni Bellini; in *Santa Maria Gloriosa dei Frari*

Als der Philosoph Jean-Jacques Rousseau als Sekretär des französischen Gesandten 1743 fast ein Jahr lang in Venedig lebte, ließ er sich täglich mit der eigenen Gondel in die Oper fahren, und er war von diesen Opernbesuchen so angetan, dass er sich ein Cembalo mietete und einige Musiker anheuerte, die mit ihm zusammen nach diesen Opernabenden die schönsten Melodien noch einmal spielten. Dabei schreibt er in seinen »*Bekenntnissen*«, dass er zunächst gar nicht viel von der italienischen Musik erwartet und aus Paris das dort gängige Vorurteil gegen sie mitgebracht habe: »*… aber die Natur hatte mir auch jenes empfindliche Feingefühl verliehen, gegen das Vorurteile nicht lange standhalten können. Und so liebte ich denn diese Musik bald so leidenschaftlich wie alle, die sie zu verstehen vermögen.*«[1]

Rousseau, begeisterter Operngänger und Gondelfahrer, vermutete, dass die *gondolieri* deshalb so schön sangen, weil sie immer freien Eintritt in die Oper hatten und sich dort musikalisch bilden konnten. Und er berichtet auch durchaus stolz, dass das Orchester von *San Crisostomo* einige seiner eigenen Kompositionen aufführte und dass »*eine kleine Bettina*« dazu tanzte …

Monteverdi liegt in der gewaltigen Franziskanerkirche *Santa Maria Gloriosa dei Frari* begraben, da,

[1] Jean-Jacques Rousseau, *Bekenntnisse* 1771

wo das berühmte Altarbild des Tizian hängt, die *Assunta*, die Himmelfahrt Marias, ein Bild, das Leonardo da Vincis Satz »*La musica è la sorella della pittura*« – »Die Musik ist die Schwester der Malerei« – zu belegen scheint: Es ist vollendet harmonisch. Der Musikwissenschaftler August Wilhelm Ambros schrieb zu diesem Bild: »*Wie die venezianischen Maler mit lichtverklärten Farben gemalt, so haben es die venezianischen Tonsetzer verstanden, durch Klangfärbung gegeneinandergestellter Chöre, späterhin auch durch Einmischung glänzender Instrumentalmassen wahre Wunder des prachtvollsten Klanges zu bewirken. Die mehrchörigen, von Geigen und Posaunen begleiteten Kirchenstücke Johannes Gabrielis sind als Musik, was etwa Tizians Assunta als Gemälde ist.*«[1]

Blick auf *L'Assunta*,
in *Santa Maria Gloriosa dei Frari*

Monteverdis Grabplatte, auf der immer frische Blumen liegen, ist in *Santa Maria Gloriosa dei Frari*, in der Kapelle des heiligen Ambrosius, und das passt gut: Dieser kluge Mann, Schutzpatron der Bienen, der Haustiere und des Lernens, hatte im 4. Jahrhundert in der Liturgie den nach ihm benannten Ambrosianischen Gesang eingeführt.

Monteverdis Grabplatte

Die Lagune, die Paläste, die Geschichte, die Gemälde, der Karneval von Venedig, alles hundertfach, tausendfach beschrieben, aber es gibt bis heute vergleichsweise wenig Literatur zum Thema »Venedig und die Musik«; schon Charles Burney klagt 1771 darüber: »*Es ist wohl kein einziges Gemälde, keine Statue oder kein merkwürdiges Gebäude vorhanden, die nicht beschrieben, oder eine Inskription zu finden, die nicht abgeschrieben worden, indessen dass der Konservatorien oder Musikschulen, der Opern und Oratorien*

[1] August Wilhelm Ambros, *Werke IV*

kaum beiläufig erwähnt wird; und obgleich jeder Buchladen oder jede Bibliothek eine Menge von Geschichten der Malerei und anderer Künste sowohl als Lebensbeschreibungen der berühmtesten Künstler vorzuweisen hat, so hat man doch die Musik und ihre Künstler gänzlich übergangen.«[1]

Er überprüft vor allem daraufhin auch Venedig im Sommer 1770 und recherchiert selbst, weil er kaum Geschriebenes findet, und er beklagt vor allem die vergebliche Suche nach Noten – eine Klage, der ich mich auf einer Venedig-Reise 240 Jahre später nur anschließen konnte.

Als ich vor vielen Jahren einmal in Venedig war, durchstöberte ich noch Buchhandlungen, Musikaliengeschäfte, Antiquariate nach Noten und Partituren und wurde manchmal wenigstens fündig. Heute: Nichts mehr davon.

Ein feiner alter Herr, der eine Musikalienhandlung in der Nähe der *Rialto*-Brücke führt, erinnert sich tatsächlich an mich und sagt: »Sie haben vor über zwanzig Jahren die Partitur zu Ermanno Wolf Ferraris ›*Il campiello*‹ bei mir gekauft. Danach hat nie wieder jemand nach Noten gefragt. Das Glas macht alles kaputt.« Und er zeigt hinaus in die Gassen um Rialto, in denen sich die Touristenschlangen langsam von Muranoglasgeschäft zu Muranoglasgeschäft vorwärtsschieben, rote Glaspferde, bunte Clowns, überladene Lüster, Ketten, Kitsch. Keine Noten mehr. Die einstige Metropole des Handels und der Kultur, verkommen zum Plundermarkt, nur wenige Ausnahmen mit eleganten Geschäften in stillen Seitenstraßen, *»vergangener Schönheit geisterhafter Gruß«*.[2]

[1] Charles Burney, *Tagebuch einer musikalischen Reise*
[2] Hermann Hesse, *Der Kreuzgang von Santo Stefano*. In: *Die Gedichte*

Die Leere nach dem Untergang der großen Handelsstadt Venedig füllt heute der Tourismus, und das ist verständlich, wir alle sind dort Touristen. Aber wenn Profitgier dazukommt, das allzu gierige Verdienenwollen an diesen Massen, dann gibt es Bruchstellen, an denen die Hässlichkeit eindringt und zerstört.

Natürlich gibt es Noten in den Archiven, vor allem in der *Fondazione Cini* auf der Insel *San Giorgio*, wo unter anderem die wichtigste Vivaldi-Forschungsstätte untergebracht ist und wo die Nachlässe zum Beispiel der Komponisten Arrigo Boito (er war auch Verdis letzter, bester Librettist!), Francesco Malipiero oder Nino Rota betreut werden. Rota war klassischer Komponist, wurde aber berühmt durch seine mehr als 150 Filmkompositionen, unter anderem für Filme von Fellini, Coppola, Zeffirelli und Visconti. Auch das Konservatorium besitzt wertvolle Noten, Autographen und alte Instrumente, zum Beispiel eine Oboe aus Elfenbein, die in Vivaldis Orchester in *Santa Maria della Pietà* gespielt wurde, und natürlich liegen wertvolle Partituren – zum Bespiel von Monteverdis *»L'incoronazione di Poppea«* von 1642 in der weltberühmten *Biblioteca Nazionale Marciana di Venezia* am Markusplatz, wo mehr als eine Million Bücher und kostbare alte Handschriften aufbewahrt werden. Auch eine große Instrumentensammlung soll sich dort befinden.

Aber gute, besondere Noten oder Partituren oder wenigstens Klavierauszüge zu kaufen – ein fast aussichtsloses Unterfangen. Was bin ich herumgetrabt deswegen! Aber auf diesen Gängen kam ich in Stadtviertel, die abseits liegen, und statt Noten zu sehen,

La Cetra
Notenhandschrift Vivaldis von 1728

hörte ich trällernde Hausfrauen, die Wäsche aufhängten, und singende Händler, die auf Booten Obst und Gemüse anboten.

Dabei war Venedig für Jahrhunderte führend im Notendruck. Notendrucke hatte es schon zwei Jahrzehnte zuvor gegeben, aber Ottaviano Petrucci druckte als Erster mit beweglichen Metalltypen, man kann sagen, dass er der erste Musikverleger war. Petrucci entwickelte ein besonderes Verfahren zum Drucken mehrstimmiger Musik und erhielt von der Stadt Venedig 1498 dazu das exklusive Recht. Das war neu, und nun konnte man Noten, die bisher nur handschriftlich in wenigen Exemplaren verfügbar waren, leicht vervielfältigen. Venedig wurde zum Zentrum des europäischen Notendrucks. Antonio Gardano war als Nachfolger Petruccis einer der besten und wichtigsten Notendrucker seiner Zeit. Er war selbst auch Musiker, komponierte Messen, Motetten, Madrigale, aber vor allem war er Verleger und druckte die Werke anderer Komponisten, so auch 1566 das allererste Werk einer allerersten Komponistin, das Madrigalbuch von Maddalena Casulana, die – damals sehr keck – der Meinung war, Frauen hätten durchaus die gleichen intellektuellen Gaben und Fähigkeiten wie Männer.

Das Geschäft führten nach Antonio Gardanos Tod seine Söhne Alessandro und Angelo weiter, bis 1685 gab es das Verlagshaus Gardano. Antonio, der Gründer, liegt in *San Salvatore* begraben, da, wo 1736 die Trauerfeierlichkeiten für Giovanni Battista Vivaldi, den Vater Antonio Vivaldis, stattfanden. Und übrigens auch in *San Salvatore*: Jacopo Sansovino, der Baumeister nach musikalischen Gesichtspunkten, gliederte hier die Orgel als Umrahmung der Seitentür harmonisch ein, eine Orgel, deren Flügel Tizians Bruder Francesco Vecellio gestaltet hat – alles, alles hängt in Venedig miteinander zusammen, eine Kleinigkeit fügt sich wie zufällig an die andere, und es entsteht ein großes, künstlerisches, musikalisches Ganzes.

Wenn man durch Venedig spaziert, entdeckt man immer wieder einen Hinweis, eine Tafel, ein »*Hier wohnte, lebte, starb* …«, man hört immer wieder Musik aus den Häusern, auch aus den Gondeln, manchmal sogar nicht ganz so verhunzt – man ahnt, wie alles einmal gewesen sein könnte, und auch, wie sehr es sich verändert hat.

Lord Byron
Gemälde von Richard Westall, 1813

Die Lust hüpft auf den Zehen ohn' Ermatten,
Mit jedem kichernd, welcher um sie freit;
Da schallen Lieder, Triller und Gequiek,
Gitarr'n und alle Arten von Musik.
Sobald die Nacht den Himmel hüllt in Schatten
(Je dunkler, desto besser), naht die Zeit,
Die für Verliebte schöner ist als für Gatten,
Und ihre Fesseln sprengt die Sprödigkeit.[1]

Lord Byron war fast täglich im Theater oder in der Oper, er arbeitete dem Musiktheater auch zu: Seine Tragödie über den Verräter, den abtrünnigen Dogen Marino Faliero, wurde von Gaetano Donizetti 1835 als Oper vertont, sein Stück »*Die beiden Foscari*« über einen venezianischen Dogen und seinen vom Senat verbannten Sohn war 1844 die Vorlage für Giuseppe Verdis Oper »*I due Foscari*«. Im vierten Gesang

[1] George Gordon Lord Byron, *Werke*

seines Gedichtes »*Childe Harold's Pilgrimage*« beklagt Byron auch den Verfall Venedigs:

Verstummt sind in Venedig Tassos Lieder;
Still rudert, ohne Sang, der Gondolier;
Paläste bröckeln auf das Ufer nieder,
Und selten tönt Musik durch das Revier,
Die Zeit ist hin, doch weilt noch Schönheit hier.[1]

Einen ganz ähnlichen Vers hat Hermann Hesse geschrieben, in seinem Gedicht mit dem Titel »*Lagune*«:

Seit langem sind die Prachtpaläste leer,
Dort singt kein Sänger, malt kein Maler mehr.
So bin auch ich ein Sohn vergangner Zeit,
Das Heute ist mir fremd, nicht lieb noch leid.

Es leben leis die schönern meiner Tage
Sich hin in Poesie, in Traum, in Sage
Und wiegen schaukelnd meine scheue Seele
In schwarzer Gondel über die Kanäle.[2]

Gondeln auf dem *Canal Grande*, Ausschnitt aus *Der Patriarch von Grado heilt einen Besessenen*, Gemälde von Carpaccio, 1494

Byron beklagt, dass »*Tassos Lieder*« in Venedig verstummt seien – Goethe hat sie gesucht und gefunden. Gefunden? Er hat sie geradezu bestellt:

»Den 6. Oktober 1786. Auf heute Abend hatte ich mir den famosen Gesang der Schiffer bestellt, die den Tasso und Ariost auf ihre eignen Melodien singen. Dieses muss wirklich bestellt werden, es kommt nicht gewöhnlich vor, es gehört vielmehr zu den halb verklungenen Sagen der Vorzeit. Bei Mondenschein bestieg ich eine Gondel, den einen Sänger vorn, den andern hin-

[1] George Gordon Lord Byron, *Werke*
[2] Hermann Hesse, *Lagune*. In: *Italien*

ten; sie fingen ihr Lied an und sangen abwechselnd Vers für Vers. (...) Auf welchem Wege sich die Melodie gemacht hat, will ich nicht untersuchen, genug, sie passt gar trefflich für einen müßigen Menschen, der sich etwas vormoduliert und Gedichte, die er auswendig kann, solchem Gesang unterschiebt.

Mit einer durchdringenden Stimme – das Volk schätzt Stärke vor allem – sitzt er am Ufer einer Insel, eines Kanals auf einer Barke und lässt sein Lied schallen, so weit er kann. Über den stillen Spiegel verbreitet sich's. In der Ferne vernimmt es ein anderer, der die Melodie kennt, die Worte versteht und mit dem folgenden Verse antwortet; hierauf erwidert der Erste, und so ist einer immer das Echo des andern. Der Gesang währt Nächte durch, unterhält sie, ohne zu ermüden. Je ferner sie also voneinander sind, desto reizender kann das Lied werden: wenn der Hörer alsdann zwischen beiden steht, so ist er am rechten Flecke.

Um dieses mich vernehmen zu lassen, stiegen sie am Ufer der Giudecca aus, sie teilten sich am Kanal hin, ich ging zwischen ihnen auf und ab, so dass ich immer den verließ, der zu singen anfangen sollte, und mich demjenigen wieder näherte, der aufgehört hatte. Da ward mir der Sinn des Gesanges erst aufgeschlossen. Als Stimme aus der Ferne klingt es höchst sonderbar, wie eine Klage ohne Trauer; es ist darin etwas unglaublich, bis zu Tränen Rührendes. (...) Gesang ist es eines Einsamen in die Ferne und Weite, damit ein anderer, Gleichgestimmter höre und antworte.«[1]

»*Gondola, gondola!*« ... Es darf bezweifelt werden, dass heutige *gondolieri* noch Ariost und Tasso singen, und das Nächte hindurch. Richard Wagner und sei-

folgende Doppelseite:
Von den Ufern der Piazzetta auf *San Giorgio Maggiore* gesehen

[1] Johann Wolfgang von Goethe, *Italienische Reise*

ne Cosima haben 1876 noch Arbeiter Verse von Tasso singen hören, mögen wir das glauben? Cosima schreibt darüber in ihren Tagebüchern: *»Arbeiter am Arsenal, welche uns entzücken, heitere, fromme und ernste Gesänge geben sie uns zum besten, ich bitte um die Canzone del Tasso, die mich sehr ergreift. Unaussprechliche Freude an dieser Musik, die Seele des Volkes!«*[1]

Die Barkarole, das venezianische Musikstück schlechthin – *la barca*, die Gondel –, oft komponiert, etwa von Franz Schubert, *»Auf dem Wasser zu singen«*, Frédéric Chopin, *»Barcarolle«*, Carl Maria von Weber, *»Oberon«*, Felix Mendelssohn Bartholdy, unter seinen Liedern ohne Worte ist auch ein *»Venezianisches Gondellied«*, und, unsterblich geworden durch Jacques Offenbachs berühmte Barkarole aus *»Hoffmanns Erzählungen«*, *»Belle nuit, oh nuit d'amour«* … heute verkommen zu touristischer Unterhaltung, *»O sole mio«*, das wird hier meist auf Wunsch gesungen. Oder *»Ciao Venezia«*, eine musikalische Scheußlichkeit, die bei Touristen (es sind inzwischen 15 Millionen im Jahr) und *gondolieri* so beliebt ist, dass die in Venedig lebende Petra Reski vermutet, der Einwohnerschwund in Venedig könnte mit diesem Lied zu tun haben.

Übrigens gibt es zum Entsetzen der meisten männlichen *gondolieri* seit einiger Zeit auch einen weiblichen Gondelführer, eine allererste Frau, die durch die Kanäle steuert, Giorgia Bascolo – ob sie auch singt? 480 Gondeln fahren heute noch durch Venedigs Kanäle, zur Blütezeit der Stadt im 15. Jahrhundert waren es 10.000.

[1] Cosima Wagner, *Die Tagebücher*

Im Herbst 1858 ist Richard Wagner in Venedig, er wohnt im *Palazzo Giustinian*, direkt am *Canal Grande*, wo auch Rilke, Grillparzer, Mark Twain wohnten und wo heute die Büros der Biennale sind. Hier will er den »*Tristan*« fertig schreiben, den zweiten Akt, die große Liebesverklärung von Tristan und Isolde. Er liebt die Stadt, auch wegen dieser berühmten Stille, wie er Franz Liszt gestand: »*Ganz unerträglich ist mir aber in großen Städten namentlich das Wagengeräusch geworden: Es macht mich rasend. Nun ist Venedig notorisch die stillste, d.h. geräuschloseste Stadt der Welt; und dies bestimmt mich entscheidend für sie.*«[1]

Blick über den *Canal Grande* auf *Ca' Rezzonico*, *Palazzo Giustinian*, *Ca' Foscari* und *Palazzo Balbi*, im Hintergrund der Turm von *Santa Maria Gloriosa dei Frari*; koloriertes Foto, um 1900

Er lässt sich seinen *Erard*-Flügel nachschicken – »*Um den Erard habe ich sofort geschrieben. Er muss in meinem großen, hohen Palastsaale wundervoll klingen*« – und notiert später: »*Endlich kam der Erard an; er ward in die Mitte des großen Saales gestellt, und nun sollte das wunderbare Venedig musikalisch in Angriff genommen werden.*«[1]

Und das gelang so großartig, dass Ernst Bloch später schrieb, gerade der hier geschriebene »*Tristan*« würde mehr als jede andere Musik die Todesschönheit Venedigs auffangen, bannen, erleuchten.

Gabriele D'Annunzio überlegt in seinem Roman »*Il fuoco*«, »*Das Feuer*«, ob die sinnliche Musik Venedigs vielleicht einen extrem lasziven Einfluss auf deutsche Komponisten wie etwa Wagner ausgeübt haben könnte: »*Im Schweigen der Kanäle hatte er gewisslich den glutheißen Hauch seiner Musik vorüberfließen hören: die todbringende Leidenschaft von Tristan und Isolde.*«[2]

Als sicher gilt, dass mit Wagners »*Tristan und Isolde*« die Musikgeschichte der Moderne beginnt.

[1] Richard Wagner, *Mein Leben*
[2] Gabriele D'Annunzio, *Das Feuer*

»Der zweite Akt ist die Probe aufs Exempel – mit der Wegräumung des Historischen, des Bühnenglanzes und Kostümgefunkels, mit der Konzentration auf das eine Paar vor der gewaltigen Kulisse aus Nacht und Wasser, die den Märchennamen Venedig trug.«[1]

Jahrzehnte später, im November 1892, kam auch Franz Liszt nach Venedig, die Wagners wohnten nun fürstlich im *Palazzo Vendramin*, in einem der schönsten Renaissancepaläste am *Canal Grande,* der 1614 um einen Anbau erweitert worden war. In diesem Anbau standen den Wagners fünfzehn Zimmer zur Verfügung, man lebte mit Personal, vier Kindern, Hauslehrern, Gouvernanten, und nun kam auch noch Liszt, der Schwiegervater, Cosimas Vater, dazu. Oliver Hilmes hat in seinem Buch über Franz Liszt sehr anschaulich beschrieben, wie Liszt und Wagner sich nicht besonders gut verstanden (der Schwiegervater kam zu spät zum Essen!, sein Klavierspiel ging Wagner auf die Nerven) und wie Liszt wohl manchmal verstimmt auf den *Canal Grande* blickte und da die Trauergondeln sah, die die Toten zur Friedhofsinsel San Michele hinüberfuhren.

Der *Palazzo Vendramin-Calerghi*

»Dieser verstörend-schöne Anblick«, glaubt Hilmes, *»veranlasste ihn zur Komposition des Klavierstücks ›La lugubre gondola‹. In dem Klagelied, das in verschiedenen Versionen existiert, erweckt Liszt die morbide Atmosphäre jener venezianischen Dezembertage zu ergreifenden Tönen. Das Werk erlangte später traurige Berühmtheit, da es Wagners Tod vorwegzunehmen scheint. Der Komponist war an dieser Deutung nicht ganz unschuldig, denn er gestand einem bekannten Verleger: ›Wie aus Vorahnung schrieb ich diese Elegie in Venedig, 6 Wochen vor Wagners Tod.‹ Gut*

[1] Werner Ross, *Venezianische Promenade*

möglich, dass Richard Wagner die Entstehung seiner eigenen Trauermusik hörte.«[1]

Es ist Wagners sechster und letzter Aufenthalt in Venedig. Er schaut sich Goldonis Komödie *»Le baruffe chiozotte«* an, er besichtigt Cosima zuliebe Museen und Kirchen und deutet Tizians *Assunta*, die Himmelfahrt der Maria in der *Frari*-Kirche in Isoldes Liebesverklärung um. Die venezianische Musik, diese Corellis und Boccherinis, mag er nicht, er ist längst nicht mehr so venedigtrunken wie rund fünfundzwanzig Jahre vorher, als er 1858 allein, verliebt, aufgeregt hierher gereist war, und er hat nur noch wenige Wochen zu leben. Weihnachten dirigiert er zu Cosimas Geburtstag im *La Fenice* ein Konzert mit seiner C-Dur-Sinfonie, die er fünfzig Jahre zuvor komponiert hatte. Das Orchester stellt das *Liceo San Bernadetto*. Es war sein letzter Auftritt als Dirigent.

Giuseppe Verdi
Gemälde von
Leopoldo Metlicovitz, um 1898

Franz Werfel lässt in seinem Roman *»Verdi – Roman der Oper«*, zwanzig Jahre nach dem Tod des Komponisten geschrieben und Auslöser für eine Verdi-Renaissance in Deutschland, den deprimierten, in einer tiefen Krise steckenden Verdi an diesem Weihnachtsabend im Foyer von *La Fenice* stehen und zuhören, diese Musik hören, die ihn so nachhaltig irritiert.

Als Wagner nach dem Konzert herauskommt, begegnen sich ihre Blicke, aber Wagner, von Familie und Freunden umgeben und bewundert, erkennt Verdi nicht. Später, auf dem Kanal, fahren sie in ihren Gondeln aneinander vorbei, und nun kann Verdi den Rivalen beobachten.

»Das also war der Mann, dessen Name, dessen Wirken, dessen Sein, dessen tausend Schatten ihn seit

[1] Oliver Hilmes, *Liszt. Biographie eine Superstars*

Bühnenbildentwurf für eine Aufführung des *La Fenice* von Verdis »*Aida*«

zwanzig Jahren fast verfolgten. Jetzt kreuzten sich nicht die Blicke, jetzt konnte er sich sattsehen. Wo er in diesen Jahrzehnten nur ein Wort über seine eigene Kunst gelesen hatte, stand genannt oder ungenannt der Name Wagner darin, ihn auszulöschen. Aber nicht nur die Öffentlichkeit in jedem Sinn, auch die Freunde, die Nahen, die Nächsten korrigierten in einer uneingestandenen Verbissenheit ihr Verhältnis zu ihm. Er musste da nicht gerade nur an den hochbegabten Angelo Mariani denken, an den wirklich tiefen Schmerz, den er durch diesen Menschen erlebt hatte.

Höhnisch wagte es dieser Dirigent, sein Wort zu brechen, zynisch, wie es einem Wertlosen gegenüber Sitte ist. Er wollte die Premiere von ›Aida‹ nicht leiten. Warum? Weil ihn das nicht mehr interessierte. Sein Ehrgeiz ging höher hinaus: den ›Lohengrin‹ wollte er aufführen oder gar den ›Tristan‹.«[1]

Der ganze Roman handelt vom Schmerz Verdis und davon, wie er sich aufrafft, wie er endlich diesen Widersacher, diesen Wagner, besuchen will, mit ihm reden möchte, wie er also mit einer Gondel zum *Palazzo Vendramin* fährt und sich ausmalt, was geschehen wird:

»Wagner wird ihm die halbe Freitreppe des Palazzo entgegeneilen, seine Hände fassen, glücklich über den ehrenvollen Besuch ihn in den Saal ziehen. Halb französisch, halb italienisch wird er ihn begrüßen, seinem Entzücken Worte verleihen, den vergötterten Künstler der lateinischen Stämme bei sich empfangen zu dürfen. Ein wunderbar tiefes Gespräch entspinnt sich. Er, Verdi, bekennt selbst: ›Ich unterschätze nicht meine Leistung. Mit meiner ›Aida‹ aber, die Ihnen, Richard Wagner, unbekannt ist, sehe ich die Entwicklung der italienischen Oper für abgeschlossen an.

[1] Franz Werfel, *Verdi – Roman der Oper*

Unsere Jugend kehrt sich von der heimischen Tradition ab und geht zu Ihnen und Ihrem Musikdrama über. Gegenwärtig wird das lyrische Melodram im Anschluss an Ihre Theorien missachtet und verlacht. Sie können es sich denken, dass es in meinem Leben eine Zeit gegeben hat, wo mir diese Verachtung, deren ganze Schwere mich, den Erben unserer nationalen Musik, vor allem traf, nicht gleichgültig gewesen ist. Aber nun bin ich alt genug geworden, über Fragen eines absoluten Kunstwerkes, des Ruhmes und Nachruhms sowie der gesamten Unsterblichkeit recht heiter zu denken, gewiss nicht anders als Sie, Maestro Richard Wagner! Sehr lange versteht der Mensch weder seinen Körper noch sein Gemüt. Endlich aber kommen wir darauf, welche Speisen uns unzuträglich sind, welche Illusionen wir nicht verdauen können. Ich zum Beispiel habe nach einigen schmerzhaften Versuchen die Illusion verloren, noch einmal von vorne anfangen zu können und eine neue, unabhängige, meiner eigenen Vergangenheit gemäße Form zu erschaffen. Mir bleibt nichts mehr als die letzte Neige des Lebens. – Ich bin zwar kein Kenner Ihres Werkes. Aber die Stimme der Welt, die Stimme der besten Freunde bestätigt es, dass dieses Werk in der Geschichte der Kunst nicht seinesgleichen hat. Rotbäckig und mit jugendlichen Augen sitzen Sie mir gegenüber. Noch viele Siege warten Ihrer. Glauben Sie meinem aufrichtigen Wort! Es lebt kein Mensch, der Ihnen aus vollerem Herzen Glück wünscht.«[1]

So stellt sich Verdi, in der Gondel auf den *Palazzo Vendramin* zufahrend, die Begegnung vor, und dann kommt er zu spät: Vor einer Viertelstunde ist Richard Wagner gestorben.

[1] Franz Werfel, *Verdi – Roman der Oper*

Die beiden Komponisten, im selben Jahr 1813 geboren, sind sich auch im wahren Leben nie begegnet, aber nach Wagners Tod schrieb Giuseppe Verdi erschüttert an den Musikverleger Ricordi: »*Traurig, traurig, traurig. Wagner ist tot! Als ich gestern die Depesche las, war ich, das darf ich wohl sagen, völlig niedergeschmettert. Hier schweigt jede Erörterung. Es entschwindet uns eine große Persönlichkeit.*«[1]

Und an seinen Freund, den Grafen Arrivabene, schrieb er in einem Brief: »*Und es kommt der Tag, da man nicht mehr von Melodie, von Harmonie, von deutscher, von italienischer Schule, von Zukunft, von Vergangenheit etc. etc. sprechen wird, und dann vielleicht kann das Reich der Musik beginnen.*«[1]

In seinem Buch über die Rivalität zwischen den beiden italienischen Komponisten Giacomo Puccini und dem Venezianer Alberto Franchetti, »*Zwei ungleiche Rivalen*«, beschreibt Helmut Krausser Tod und Überführung des Sargs von Wagner – hier gekürzt – so:

»*Als am 13. Februar des Jahres 1883 Richard Wagner im Palazzo Vendramin einen Schlaganfall erleidet, bringt dies das Leben der allermeisten Venezianer recht wenig durcheinander. Einer aber, ein noch junger Mann von zweiundzwanzig Jahren, begibt sich ausgerechnet an diesem Tag, ohne vom Schlaganfall etwas zu wissen, zur letzten Adresse des großen Komponisten und bittet um Auskunft über den Gesundheitszustand des verehrten Meisters. Als ihm zu seiner Überraschung dessen Tod gemeldet wird, bricht er ohnmächtig zusammen und wird sich fortan im Leben nie mehr rasieren. Das aber hat mit Wagner gar nichts zu tun, es ist eine zufällige Koinzidenz, denn der junge Mann ist jemand,*

[1] Franz Werfel, Hrsg.: Giuseppe Verdi, *Briefe*

Richard Wagner
Porträtaufnahme; 1871

der Körperpflege vor allem als Zeitverschwendung betrachtet und trotz seines ererbten Reichtums gerne in verlebter Kleidung herumläuft. Noch manch anderes ist an diesem Menschen merkwürdig, zum Beispiel, dass er sich gerade in Venedig befindet, denn eigentlich ist er ja vor zwei Jahren aus dieser Stadt, in der er aufwuchs, geflohen, um in München Musik zu studieren, gegen den Willen des übermächtigen Vaters, des reichsten Mannes Italiens. Doch der Vater hat dem Erstgeborenen verziehen, und so kam Alberto Franchetti, von dem hier die Rede ist, zwischen den Semestern zu Besuch in seine alte Heimat.

(…) Am Morgen des 16. Februar, als die Überreste des bedeutendsten Opernkomponisten aller Zeiten vom Palazzo Vendramin in einer Trauergondel zum Bahnhof überführt werden, steht Alberto Franchetti nach einer durchwachten Nacht am Steuer des ersten privaten Dampfschiffs Italiens und fährt dem Kondukt hinterher. (…) Der Witwe Cosima stellt er sich am Bahnhof kurz vor und drückt ihr sein Beileid aus. Sie nimmt ihn kaum wahr. Auch nicht, als er im Zug, der den Leichnam Wagners nach Deutschland bringt, das gesamte Abteil mietet, das an ihr eigenes angrenzt. (…) Es ist fast unnötig zu sagen, wer den Sonderwagen bestellt hat, der, dem Zug nach München angehängt, den Sarg Wagners enthält.«[1]

Auch Gabriele D'Annunzio beschreibt am Ende seines Romans »*Il fuoco*« den Weg der Trauergondel, die Wagners Leiche zum Bahnhof von Venedig bringt:

»Der Zug war kurz. Die Totenbarke fuhr voran; dann folgte die Witwe mit ihren Lieben; schließlich die jugendliche Schar. Der Himmel war düster umwölkt über der großen Wasser- und Steinstraße. Das

[1] Helmut Krausser, *Zwei ungleiche Rivalen. Puccini und Franchetti*

tiefe Schweigen war würdig dessen, der die Kräfte des Universums für das Streben der Menschen nach dem Göttlichen in einen unendlichen Gesang verwandelt hatte.«[1]

In Werfels Verdi-Roman gibt es die wunderbare Figur des alten Gritti, eines Nachfahren des Dogen Andrea Gritti, über hundert Jahre alt, ein Venezianer, der seit frühester Jugend täglich in die Oper geht, jeden Abend zwischen acht und neun Uhr.

»Der Marchese war neunundzwanzigtausenddreihundertundsiebenundachtzigmal im Theater gewesen, hatte neunhunderteinundsiebzig verschiedene Werke gehört, doch nur sieben davon waren Schau- und Lustspiele. (...) Welch ein Meer von Musik lag hinter dem Marchese!«[2]

Und nicht nur das: In den Sälen seines *palazzo* bewahrt der Marchese Modelle aller Opernhäuser Venedigs auf, er hat alle Programmhefte verwahrt, Porträts von Sängern, Sängerinnen, Komponisten, Dirigenten zieren Saal um Saal die Wände – ein Museum für die Musik. Wie oft bin ich sehnsüchtig mit dem *vaporetto* über den *Canal Grande* gefahren und habe mir die Schätze hinter den Mauern der Paläste vorgestellt – alte verstimmte Flügel, seltene Noten, modernde Seidenkleider in knarrenden Schränken, nach Lavendel duftend, vergilbte Porträts an den Wänden. Hier wird doch nichts weggeworfen, man zieht nicht um, man geht – irgendwann – mit alldem stilvoll unter. Und ich werde es immer nur erahnen, nie sehen oder in den Händen halten. Auch das ein wehmütiger Zauber von Venedig: Es gibt seine Geheimnisse fast nie preis.

[1] Gabriele D'Annunzio, *Das Feuer*
[2] Franz Werfel, *Verdi – Roman der Oper*

Einige Jahre nach Wagners Tod schrieb Friedrich Nietzsche, der längst Wagners Freund nicht mehr war und ihm den »*Parsifal*« geradezu persönlich übelgenommen hatte, in »*Ecce homo*«: »*Wagner hätte, nach dem Verbrechen des Parsifal, nicht in Venedig, sondern im Zuchthaus sterben sollen.*«[1]

Am *Palazzo Vendramin*, der heute das Casino der Stadt und ein kleines Wagner-Museum beherbergt, ist außen, nur vom Wasser aus zu sehen, eine weiße Gedenktafel für Richard Wagner angebracht. Den Text dazu hat D'Annunzio geschrieben, wochenlang bat und drängte ihn ein eigens gebildetes Gremium dazu, und dann soll er es in zehn Minuten aufs Papier geworfen haben:

Die Gedenktafel am
Palazzo Vendramin-Calerghi

In questo palagio
l'ultimo spiro di Ricardo Wagner
odono le anime
perpetuarsi come la marea
che lambe i marmi

»In diesem Palast verspüren die Seelen den letzten Hauch Richard Wagners, wie er sich ewig fortpflanzt gleich den Gezeiten, die den Marmor umspülen.«[2]

Und man findet noch ein wenig Wagner auf der *Piazza San Marco*, wo man sich im schönen alten *Café Florian* an ihn erinnert, vor allem aber im genau gegenüberliegenden *Café Lavena*, wo Wagner und später auch D'Annunzio Stammgäste waren.

Fast täglich zwischen 17 und 18 Uhr soll Wagner hier gewesen sein, manchmal mit einem der Kinder, und er soll Tee und Cognac getrunken haben. Auf

[1] Friedrich Nietzsche, *Ecce Homo*
[2] Hans Dörge, *Musik in Venedig*

Blick ins *Café Lavena*

der Galerie oben »sein« Tisch, »sein« Stuhl. Hier traf er auch Freunde und Bekannte, zum Beispiel Angelo Tessarin, der später der Musiklehrer einer seiner Töchter wurde. Manchmal ging Liszt mit, Rubinstein war hier, Rostropovich, Karl Böhm, Mario del Monaco – ich trinke meinen *caffè* in Andacht und zahle, obwohl er ohnehin schon empörend teuer ist, heute klaglos noch fünf Euro mehr, weil im *Lavena* Musik dazu gemacht wird, Kaffeehausmusik.

Wagner schreibt 1858, allein, keine Cosima, keine Kinderschar, kein Schwiegervater am Klavier, in Venedig ein Tagebuch für die geliebte Mathilde Wesendonk, und wir lesen: *»Alles lautlos: nur das sanfte Gleiten der Gondel, das Plätschern des Ruderschlages. Breite Mondesschatten. An dem stummen Palaste wird ausgestiegen. Weite Räume und Hallen, von mir allein noch bewohnt. Die Lampe brennt; ich nehme das Buch zur Hand, lese wenig, sinne viel. Alles still. – Da, Musik auf dem Canal: eine buntbeleuchtete Gondel mit Sängern und Musikern: mehr und immer mehr Kähne mit Zuhörern schließen sich an: die ganze Breite des Canals schwimmt das Geschwader, kaum bewegt, sanft gleitend, dahin. Schöne Stimmen, passable Instrumente tragen Lieder vor. Alles ist Ohr. – Da endlich biegt es, kaum merklich, um die Ecke und verschwindet noch unmerklicher. (...) Alles verstummt endlich; der letzte Klang löst sich wie in das Mondlicht auf, das, wie die sichtbar gebliebene Klangwelt, sanft fortleuchtet.«*[1]

Überall in Venedig fand Wagner Anregung für seine Arbeit – die antiken Marmorlöwen vor dem Arsenal ließen ihn an Fafner und Fasolt denken, die Riesen, die Wotan im *»Rheingold«* sein Walhall erbauen, und später soll er beim Anblick des Löwen

[1] Richard Wagner, *Mein Leben*

Mondlicht über der Piazzetta
Gemälde von Friedrich Nerly, nach 1855

auf dem Markusplatz gesagt haben: »*Der Löwe ist mein Wotan.*«

In seinen Erinnerungen »*Mein Leben*« widmet Wagner den Gesängen der *gondolieri* ein ganzes Kapitel:

»*In einer schlaflosen Nacht, wo es mich gegen drei Uhr des Morgens auf den Balkon meiner Wohnung hinaustrieb, hörte ich denn auch zum ersten Mal den altberühmten Naturgesang der Gondoliere. Mich dünkte, ungefähr von dem eine kleine Viertelstunde entfernten Rialto her den ersten, wie raue Klage klingenden Anruf durch die lautlose Nacht zu vernehmen; aus wiederum weiterer Entfernung ward diesem von anderer Richtung her gleichmäßig geantwortet. In oft längeren Pausen wiederholte sich dieser merkwürdig melancholische Dialog, welcher mich zu sehr ergriff, als dass ich seine jedenfalls sehr einfachen musikalischen Bestandteile in meinem Gedächtnis hätte fixieren können. Doch war ich ein anderes Mal durch eine besondere Erfahrung auch darüber belehrt, dass dieser Volksgesang von überwiegend poetischem Interesse sei. Als ich einmal spät des Nachts durch den düstern Kanal heimfuhr, trat plötzlich der Mond hervor, und beleuchtete mit den unbeschreiblichen Palästen zugleich den, sein gewaltiges Ruder langsam bewegenden, auf dem hohen Hinterteile meiner Gondel ragenden Schiffer. Plötzlich löste sich aus seiner Brust ein dem Tier-Geheul nicht unähnlicher, von tief her anschwellender Klagelaut, und dieser mündete sich nach einem lang gedehnten ›Oh!‹ in den einfachen musikalischen Ausruf ›Venezia!‹ Dem folgte noch einiges, wovon ich aber infolge der großen Erschütterung, die ich empfand, keine deutliche Erinnerung bewahrt habe. Die hiermit zuletzt be-*

Im Innenhof des Konservatoriums

rührten Eindrücke waren es, welche Venedig während meines Aufenthaltes daselbst für mich charakterisierten und bis zur Vollendung des zweiten Aktes von Tristan mir treu blieben, ja, vielleicht die, schon hier entworfene, lang gedehnte Klageweise des Hirtenhornes im Anfange des dritten Aktes mir unmittelbar eingaben.«[1]

Wie könnte man den Zauber von Venedig besser beschreiben, diese plötzlich auftauchenden Klänge, aus dem Konservatorium auf dem *Campo San Stefano*, auf den Kanälen, aus den Häusern. Wie oft bin ich in Venedig stehen geblieben, um zu lauschen – einem Klavier, einem Gesang, Geigentönen. In lauteren Städten würde man das nicht hören. In Venedig ist alles Musik, wird alles zu Musik. Und man hat Zeit, zuzuhören. Da fährt keine letzte Bahn, da gibt es keine Ampel, die *Gehen!* signalisiert, die Brücken spannen sich still und ewig über die Kanäle und fordern nie zur Eile auf. Man geht langsam.

Die Brücken von Venedig: Der Rhythmus, mit dem man sie hinauf- und hinabsteigt, ist auch Musik. Die Legende sagt, dass Vivaldi, Albinoni, Benedetto Marcello, Baldassare Galuppi diese geheime Musik der Brücken gehört haben, indem sie die Stufen hinauf- und hinabschritten, und dass man das ihrer Musik anmerkt.

Ponte di Rialto
Gemälde von Michele Marieschi

Der Reisende kennt drei oder vier Brücken in Venedig: bei der Ankunft die Brücke am Bahnhof, dann natürlich die *Rialto*-Brücke, weiß, schön geschwungen über den *Canal Grande*, Venedigs wohl berühmtestes Wahrzeichen, lange die einzige Möglichkeit, den großen Kanal zu überqueren. Im 12. oder 13. Jahrhundert wurde sie gebaut, damals noch

[1] Richard Wagner, *Mein Leben*

aus Holz. Ende des 16. Jahrhunderts dann aus Stein – eine sehr komplizierte Konstruktion, der Bogen musste hoch genug sein, um auch größere Schiffe durchfahren zu lassen. Auf der *Rialto*-Brücke sind Geschäfte mit Souvenirs, hier drängeln sich die meisten Touristen. Ein gutes Stück weiter die große Brücke mit den breiten, geteerten Holzstufen, auf denen immer jemand steht oder sitzt, der Musik macht, *Ponte dell'Accademia*, erst 1937 gebaut, und schließlich kennt noch jeder die Seufzerbrücke, *Ponte dei Sospiri*, zwischen Dogenpalast und Gefängnis.

Ponte dell'Accademia

Aber die vielen anderen, die namenlosen Brücken, die zahllose Kanäle überspannen und unseren Schritt in der Stadt bestimmen, Brücken, die die Stadt geradezu zusammenklammern, mehr als 450 sollen es sein – sie geben unseren Schritten Klang und Rhythmus, und sie haben wundersame Namen, die James Morris aufzählt: *»Da gibt es die Brücke der Fäuste, die Strohbrücke, die Brücke der Ehrbaren Frau, die Brücke der Höflichkeit, die Brücke der Demut, die Kleine Brücke, die Lange Brücke, die Paradiesbrücke, die Engelsbrücke ...«*[1]

Und ich stelle mir vor, dass ich ein langes raschelndes Seidenkleid trage und es an den Seiten vorsichtig ein wenig höher halte, während ich gemessen und elegant über viele kleine Brücken hinauf-, hinabsteige, und im Kopf, auf dem vielleicht ein Hut mit Rosen sitzt, höre ich das wunderbare *»Adagio«* in g-Moll des Tomaso Albinoni, in dessen Takt ich schreite ...

Die Seufzerbrücke bei Mondlicht
Gemälde von Friedrich Nerly, um 1855/60

Tomaso Albinoni, der sich selbst *il dilettante veneto* nannte, wurde nach seinem Tod zunächst so gut wie vergessen, genau wie Vivaldi, der berühmtere

[1] James Morris, *3mal Venedig*

Tommaso Albioni
Porträt, anonym

Gegenspieler, auch er wurde erst im 20. Jahrhundert wiederentdeckt. Albinoni war Sohn eines venezianischen Papierwarenhändlers und Spielkartenherstellers. Schönes Papier gibt es noch heute in Venedig. Er arbeitete im väterlichen Unternehmen, studierte nebenbei Violine, Gesang, Komposition und heiratete eine Mailänder Sängerin. Er schrieb Konzerte, komische Intermezzi und über 80 Opern – ein bis zwei Opern pro Jahr! Vollständig erhalten sind nur noch sieben, von den anderen gibt es nur noch Fragmente oder Teile des Librettos. 2010 wurde in Wien immerhin endlich einmal Albinonis *»Il nascimento dell'Aurora«* aufgeführt. Albinoni schlug sich mit einem Doppelgänger herum, der durch Deutschland reiste und sich als »Albinoni aus Venedig« ausgab.

Man kann es ausprobieren: Venedig hört sich immer wieder anders an, und auch anders als jede andere Stadt der Welt. Die Absätze, die Sohlen, die Schuhe auf dem Pflaster oder auf den Brücken klingen hier dauernd unterschiedlich – eine Gasse, eine *calle*, klingt anders als ein *campo*, eine *piazzetta* oder eine *fondamenta*, eine Gasse, die nur auf der einen Seite Häuser, auf der anderen Wasser hat. Und geht man durch einen der vielen *sottoporteghi*, Durchgänge zwischen Häusern, macht das wieder einen völlig anderen Klang. Die Bronzedeckel auf den Brunnen klingen, die Stadt erzeugt unentwegt Töne, Hall, Rhythmus, Geräusche, Musik, Echos – aber immer auf der Basis von Stille durch Abwesenheit von Autos, Verkehr, auf der Basis leise gurgelnden Wassers an alten Mauern, und die still dahingleitenden Gondeln halten die Zeit an zu einem Augenblick der Ewigkeit.

Auf den Plätzen bleibt man selten stehen, auf den Brücken fast immer. Man sieht den Schiffen zu, blickt ins Wasser, betrachtet die Fassaden der stillen Häuser, überlegt den nächsten Gang, das nächste Ziel. Ruhe breitet sich aus bei diesem langsamen Tempo des Hinauf, Hinab.

»Spätabends hört man in der Nähe der Brücken Stimmen. Die Gondolieri nehmen hier vom vergangenen Tag Abschied, die Nachtwächter, deren Tag erst beginnt, rufen sich Grüße zu, die Bäcker schicken sich an, schneller als der kommende Tag zu sein. Die Stimmen kommen gleichzeitig von fern und von nah. Die Silhouetten haben keine Schatten, die Worte kein Echo. Sie werden nur von Geräuschen begleitet, die sich in ihrer Umgebung angesammelt haben und dort verweilen. Das Vorspiel der Nacht dauert nur kurze Zeit. Aber auch die Nacht selbst ist hier nicht lang. Plötzlich bricht Stille aus, eine stumme und zugleich vielsagende Stille. Die Stimmen werden erst am nächsten Tag wieder vernehmbar, sie setzen am frühen Morgen dort ein, wo sie am Abend zuvor geendet haben, sie kehren in umgekehrter Reihenfolge auf dieselbe Bühne der Brücken zurück. Die kleine Nachtmusik wird in den vier Jahreszeiten wiederholt.«[1]

Predrag Matvejević, halb Italiener, halb Kroate, beschreibt wirklich ein anderes, ein so noch nicht gekanntes, beschriebenes Venedig – zum Beispiel: die Kornelkirsche. In dieser Wasserstadt fast ohne Bäume wächst sie überall aus Mauerritzen, aus hergewehten Samen entstanden, zwischen Ruinen blühend, diese Kornelkirsche, die die Venezianer *vetriola* nennen, von *vetro*, Glas, weil man die Früchte, war-

folgende Doppelseite:
»Das Vorspiel der Nacht« …
der Abend zieht herauf.

[1] Predrag Matvejević, *Das andere Venedig*

mem Wasser zugesetzt, so gut zum Spülen der empfindlichen bunten Muranogläser benutzen kann. Die Kornelkirsche besänftigt Halsschmerzen. Bei Hildegard von Bingen wird sie auch für den kranken Magen empfohlen, und ihr Holz ist so hart und schwer, dass es, sagt man, als einziges Holz nicht schwimmt, sondern sinkt. Waffen hat man daraus gemacht, Speere, Lanzen, und Odysseus baute laut Pausanias aus dem Holz des Stammes sein Trojanisches Pferd. Die Kerne der Kornelkirsche wurden früher zu Perlen für den Rosenkranz verarbeitet. Die Sängerinnen in den Opernhäusern von Venedig, sagt Matvejević, gewinnen seit Jahrhunderten mit dem Tee der Kornelkirsche ihre Stimmen zurück.

Matvejević erzählt auch von der *Taverna della Fenice*, in der sich Künstler, vorwiegend Musiker, trafen: »*Der Komponist der ›Cavalleria Rusticana‹ hatte die Gelegenheit, hier den Autor der ›Lustigen Witwe‹ zu treffen. Anlässlich des großen internationalen Festivals für Kammermusik trafen sich an diesem schon recht berühmten Ort Richard Strauss, Respighi, Strawinsky und Diaghilev, Schönberg, Szymanowski und andere.*«[1]

Auch Marcel Proust soll 1900 bei einem Venedig-Aufenthalt mit seiner Mutter hier eingekehrt sein und dauernd den Platz gewechselt haben, weil überall Durchzug war. Durchzug ist noch heute, und in den Opernpausen trinken die Orchestermusiker hier im Frack schnell einen *espresso*. Wenigstens in der Oper sind die Venezianer noch weitgehend unter sich. Ältere, sehr elegante Damen trinken hier vor der Oper noch einen *caffè*. Sie kommen in weichen Turnschuhen, die Pumps in der Plastiktüte, die werden erst angezogen, wenn man die Treppen ins *Fe-*

[1] Predrag Matvejević, *Das andere Venedig*

nice hochsteigt. Für Venedigs holperiges Pflaster eignen sich hohe Absätze nicht, in der Oper sind sie ein Muss.

Noch eine andere Musiker-Gasthaus-Geschichte erwähnt Matvejević: »*In Cannaregio, nahe der Kirche des Heiligen Johannes Chrysostomos, (...) befindet sich ein Wirtshaus, dessen Name mehrere Male wechselte. Es genügte zu sagen: ›Lass uns zum Goldmund gehen‹, und schon wussten alle Bescheid. Hier konnte man einen alten Geigenspieler österreichischer Herkunft treffen, der die Wiener Philharmoniker verlassen hatte und in der festen Überzeugung nach Venedig gekommen war, dass der Tod hier anders sei.*«[1]

Seltsam, dass Venedig außer mit Schönheit und Melancholie immer auch mit Tod assoziiert wird, dabei kann man sich Selbstmorde hier eigentlich gar nicht vorstellen: »*Es gibt hier keine Selbstmorde. Wer mit dieser Absicht hierherkäme, müsste es gleich am ersten Abend tun; am nächsten Tag wäre es schon zu spät.*«[2]

Und trotzdem erinnert das dunkle Wasser, erinnern die schwarzen Gondeln unablässig an ein Jenseits. Als Joseph Brodsky noch in der damaligen UdSSR wohnte, sah er Viscontis Film »*Tod in Venedig*«, der ihn – wie auch die Novelle von Thomas Mann – nicht besonders beeindruckte. Aber: »*Dann kam die Veneziana. Und ich spürte allmählich, dass sich diese Stadt irgendwie in den Mittelpunkt drängte. Sie war schwarzweiß, wie es sich für etwas ziemt, das aus der Literatur hervorgeht, oder es herrschte Winter; aristokratisch, düster, kalt, matt erleuchtet, mit Saitenklängen von Vivaldi und Cherubini im Hintergrund,*

[1] Predrag Matvejević, *Das andere Venedig*
[2] Jean Giono, *In Italien um glücklich zu sein*

mit von Bellini / Tiepolo / Tizian drapierten weiblichen Körpern als Wolken. Und ich schwor mir, sollte ich je mein Imperium verlassen können, so würde ich als Erstes nach Venedig kommen, mir ein Zimmer im Erdgeschoss irgendeines Palazzo mieten, so dass die von vorbeifahrenden Booten aufgewühlten Wellen gegen mein Fenster klatschen würden, ich schriebe ein paar Elegien, wobei ich meine Zigaretten auf dem feuchten Steinfußboden ausdrücken würde, ich würde husten und trinken und mir, wenn das Geld ausginge, statt in einen Zug zu steigen, einen kleinen Browning kaufen und mir auf der Stelle eine Kugel ins Hirn jagen, unfähig, in Venedig eines natürlichen Todes zu sterben.«[1]

Die Pest im Jahre 1630, Abtransport der Leichen; Gemälde von Antonio Zanchi (Ausschnitt) im Treppenhaus der *Scuola Grande di San Rocco*

Brodsky starb 1996 in New York, aber er hat Venedig mit seinem Buch »*Ufer der Verlorenen*« eine Liebeserklärung geschrieben, und er liegt in Venedig auf San Michele begraben, das war sein Wunsch. Sein letzter Weg war also eine Fahrt mit der schwarzen Trauergondel, *lugubre gondola* – *»… ein Abschied von hier ist ein Abschied für immer.«*[1]

Der Tod in Venedig … vielleicht wird der Tod mit Venedig assoziiert, weil man Venedig selbst kein wirkliches Leben zutraut. Dabei modert und verfällt es nun schon seit mehr als tausend Jahren gelassen vor sich hin und strahlt doch noch immer … Ist das Ganze eine große melancholische Posse?

»Es hat sicher gute Gründe, dass selbst Gebirgsvölker sich den Tod mit einer Barke vorstellen. In Venedig – ob man nun auf den Wassern fährt oder ob sich das, was man haben möchte, auf der anderen Seite des Kanals befindet – in Venedig stirbt alle Welt alle Tage immer wieder diesen leichten Tod, woran man sehr bald Geschmack findet.«[2]

[1] Joseph Brodsky, *Ufer der Verlorenen*
[2] Jean Giono, *In Italien um glücklich zu sein*

Das Wasser, der Fluss Lethe, Fluss des Vergessens, der uns mit dem ewigen Fährmann im Boot zur Unterwelt bringt … in Venedig allgegenwärtig.

»Venedig ist mit anderm Wort ein Ort, wo man die greifbare Wirklichkeit nur in kleinen Dosen zu sich nimmt. Es gibt zu viele Barken, als dass man hier Persönlichkeiten schaffen könnte, die dem Tod die Stirn bieten. Das flache Wasser, das weiße Licht sowie die Stille und Langsamkeit, mit der alle Welt sich hier bewegen muss, garantieren irgendwie ein Jenseits, in dem es keine Geisterstunde gibt.«[1]

Rainer Maria Rilke, der oft in Venedig war und es beschrieben und *»das schöne Gegengewicht der Welt«* genannt hat, schreibt im Juli 1920 in einem Brief: *»Wie von der innersten Natur Venedigs ist dieses schlanke, schwarze Schiff hervorgebracht, ein Geschöpf, ein Wesen, unter den Dingen nur noch mit einem Musik-Instrument zu vergleichen, dessen ganzer Körper von Bedingungen gebildet ist, die weit aus dem Unsichtbaren und Unfasslichen herüberreichen. Die Gondel ist vielleicht das Instrument der Stille, der Gondolier steht wie ein Vorzeichen da, wie der Violinschlüssel, am Zeilenanfang ihrer Bewegung, die eine Musik der Lautlosigkeit und des Schweigens ist in unendlichen Abwandlungen und Steigerungen.«*[2]

Und auch Rilke verfällt der Stille von Venedig, die man hört, wenn die Tagesgeräusche verstummen:

Fremdes Rufen. Und wir wählen
Eine Gondel, schwarz und schlank:
Leises Gleiten an den Pfählen
Einer Marmorstadt entlang.

[1] Jean Giono, *In Italien um glücklich zu sein*
[2] Rainer Maria Rilke, *Briefe aus den Jahren 1914–1921*

Still. Die Schiffer nur erzählen
Sich. Die Ruder rauschen sacht,
und aus Kirchen und Kanälen
winkt uns eine fremde Nacht.

Und der schwarze Pfad wird leiser,
fernes Ave weht die Luft, –
traun: Ich bin ein toter Kaiser,
und sie lenken mich zur Gruft.[1]

Mark Twain stieg 1878, kaum in Venedig angekommen, missmutig in eine schwarze Gondel, einen »*Leichenwagen, (...) zumindest glich es mehr einem Leichenwagen als etwas anderem, obwohl es, wenigstens auf dem Papier, eine Gondel war*«, und als Erstes verbot er mal dem *gondoliere* das Singen: »*Jetzt hör mal her, Roderigo Gonzalez Michelangelo, ich bin ein Pilger, und ich bin ein Fremder, aber ich bin nicht gewillt, meine Gefühle von einem solchen Gejaule zerfleischen zu lassen. Wenn das nicht aufhört, muss einer von uns ins Wasser ... Noch ein Quiekser, und du gehst über Bord!*«[2]

Drastisch, wie überall in Europa, Mark Twain bleibt immer Amerikaner ohne Sentimentalitäten. Aber das gibt es, dass einer keinen Blick und keinen Nerv für die Besonderheiten Venedigs hat – Thomas Mann lässt seinen Gustav Aschenbach in »*Tod in Venedig*« einen müden, ausgelaugten Komponisten sein, der für nichts mehr Augen und Ohren hat, nur noch für die Schönheit des Knaben Tadzio. Er stirbt in Luchino Viscontis Film zum Adagietto aus Gustav Mahlers 5. Sinfonie, 1902 komponiert, es sind ganze siebzehn Notenseiten Adagietto, Tod und Verklärung,

[1] Rainer Maria Rilke, *Sämtliche Werke*
[2] Mark Twain, *Bummel durch Europa*

gewidmet seiner großen Liebe, seiner Frau Alma. Jahre später, die Ehe ist längst gescheitert, Alma ist nach Venedig gekommen mit Franz Werfel, ihrem dritten Ehemann nach Gustav Mahler und Walter Gropius und zahllosen Affären, und auch ihr gefällt nichts in Venedig, sie ist dick geworden, die einstige Schönheit, sie schminkt sich zu stark, sie trinkt zu viel – *»Der Scirocco weht über die Lagune, und ihre Maskerade beginnt zu verlaufen wie die Gustav Aschenbachs. Alma hat keinen Blick für die Schönheiten Venedigs. Fad erscheint die Welt vor ihren Augen, feindlich das grelle Treiben der Menschen. Angewidert starrt die Frau, der das Adagietto gewidmet ist, in das bleierne Wasser des Canal Grande.«*[1]

Aber August von Platen, der leicht sentimentale Dichter des Schwermütig-Schönen, fühlt sich getröstet, und er beschreibt das in einem allzu langen Gedicht, von dem hier nur die letzten Verse wiedergegeben werden sollen:

Wenn tiefe Schwermut meine Seele wieget,
Mag's um die Buden am Rialto flittern:
Um nicht den Geist im Tande zu zersplittern,
Such ich die Stille, die den Tag besieget.

Dann blick ich oft, an Brücken angeschmieget,
In öde Wellen, die nur leise zittern,
Wo über Mauern, welche halb verwittern,
Ein wilder Lorbeerbusch die Zweige bieget.

Und wann ich, stehend auf versteinten Pfählen,
Den Blick hinaus ins dunkle Meer verliere,
Dem fürder keine Dogen sich vermählen:

[1] Ulrich Amling, *Der Tod in Venedig*

Dann stört mich kaum im schweigenden Reviere,
Herschallend aus entlegenen Kanälen,
Von Zeit zu Zeit ein Ruf der Gondoliere.[1]

Ich gehe durch Venedig, wieder einmal, und lausche. Aus einer offenen Kirche dringt Musik vom Band: Es wird geworben für Konzerte am Abend, es werden CDs verkauft und angespielt. Aus den Fenstern des Konservatoriums klingt ein Klavierkonzert. Ein bezahlter *gondoliere* singt, jemand geht an mir vorbei und pfeift den Gefangenenchor aus »*Nabucco*«, »*Va, pensiero*«, und mir fällt ein, wie verzweifelt Verdi die Noten zur Arie des Herzogs aus »*Rigoletto*«, »*La donna è mobile*«, vor der Uraufführung am 11. März 1851 in Venedig bis zum letzten Tag geheim gehalten hat – er wusste, das würde ein Gassenhauer. Wurde es, und jeder durch kostenlose Opernbesuche geschulte *gondoliere* sang es schon am 12. März: »Ach, wie so trügerisch sind Weiberherzen.«

Wie süß das Mondlicht auf den Hügeln schläft!
Hier sitzen wir und lassen die Musik
Zum Ohre schlüpfen. Sanfte Still' und Nacht,
Sie werden Tasten süßer Harmonie!

Das sagt in Shakespeares »*Der Kaufmann von Venedig*« Lorenzo zu seiner Jessica, und kurz darauf folgen sie, diese Verse, die so viel über Shakespeare sagen:

Der Mann, der nicht Musik hat in ihm selbst,
Den nicht die Eintracht süßer Töne rührt,
Taugt zu Verrat, zu Räuberei und Tücken. (…)
Trau keinem solchen! – Horch auf die Musik![2]

[1] August von Platen, *Venedig*
[2] William Shakespeare, *Der Kaufmann von Venedig*

Noch heute, zwar aus Gründen touristischer Unterhaltung, aber irgendwie doch auch schön und aus dem 21. Jahrhundert wie herausgefallen, stehen jeden Tag vor einigen großen Kirchen junge Musiker oder Musikstudenten in alten Kostümen, werbend für ein Konzert am Abend – das *Ensemble Vivaldi* spielt Bellini, Donizetti, Vivaldi in der *Chiesa di San Giacometto*, im großen Musiksaal der *Scuola Grande San Giovanni Evangelista* gibt es »*Tosca*«, *I Musici Veneziani* bieten einen Querschnitt durch Barockopern in der *Scuola Grande di San Teodoro*, das *Quartetto di Venezia* spielt Beethoven, Cherubini, Haydn und – wir staunen! – Béla Bartók auf der *Isola di San Giorgio Maggiore*, und *Interpreti Veneziani* geben in *San Vidal* Paganini, Tartini, Bottesini und natürlich: Vivaldi. Und in Vivaldis Kirche, in der *Chiesa della Pietà*, wo *il prete rosso*, der rothaarige Priester, gewirkt und den Chor geleitet hat, spielen *I Virtuosi Italiani* Werke des Meisters, der ganz in der Nähe, in *San Giovanni in Bragorà*, getauft wurde.

I Musici Veneziani

San Giovanni in Bragorà muss man eine Weile suchen. Die liebenswerte kleine Kirche liegt wie eine Dorfkirche in einem ganz stillen Viertel, fernab vom Touristengetümmel; ein Ort der Normalität, hier hängt Wäsche quer über den Platz, Hausfrauen sitzen auf Stühlen und stricken, Kinder laufen herum, Katzen sonnen sich – die Katzen von Venedig sind deutlich weniger geworden, leider. In der Kirche stille, kühle Dunkelheit. Links ist eine kleine Kapelle, in der das Taufbecken von Antonio Vivaldi steht. Eine Frau poliert hingebungsvoll Gitter und Geländer der Kapelle, sie hat auch Blumen gebracht. Vielleicht ist sie Musikerin?

Taufbecken von Vivaldi,
San Giovanni in Bragorà

Antonio Vivaldi
Kolorierter Kupferstich, um 1720

Die Venezianer lieben ihren Antonio Vivaldi. Er hat die Musik von der christlichen Erbauung weg zur Unterhaltung gebracht, er hat für ein Publikum, nicht für eine Gemeinde geschrieben. »*Vivaldi*«, sagte der italienische Autor Tiziano Scarpa in einem Interview, »*ist fest in der DNA von Venedig verankert. Er sitzt direkt in den Steinen der Stadt.*«

Antonio Vivaldi kam als Fünfundzwanzigjähriger zurück in seine Geburtsstadt, wo sein Vater Violinist am Markusdom wurde. Auch der Sohn war Geiger, gab zunächst Geigenunterricht, dann leitete er den Chor in einem der großen *ospedali*, dem *Ospedale della Pietà*. Diese *ospedali* waren ursprünglich karitative Einrichtungen für Menschen in Not: Alte, Kranke, Arme, Waisenkinder. Kinder, zumeist Mädchen, erhielten dort eine musikalische Ausbildung und sangen dann in den angeschlossenen Kirchen im Chor bei den Messen. Das steigerte sich nach und nach zu so einer Qualität, dass man die *ospedali* nach unseren heutigen Maßstäben wohl als Konservatorien bezeichnen könnte. Bald wurden diese kleinen Konservatorien so berühmt, dass man nicht nur arme Kinder aufnahm und ausbildete, sondern dass aus ganz Europa Schüler zur Ausbildung hierher geschickt wurden. Es wurden Konzerte hier gegeben, die oft in der Literatur erwähnt werden. Goethe, der in seiner »*Italienischen Reise*« vieles an Venedig auszusetzen fand, zum Beispiel die Unreinlichkeit der Stadt, war von den Chören in den *ospedali* begeistert. So spazierte er zum *Ospedale San Lazzaro di Mendicanti*, dem Bettlerhospital, an dem einst Marcello Galuppi gewirkt hatte, einer der ganz großen Meister der venezianischen Musik des 18. Jahrhunderts,

Galuppi von der Insel Burano, *il Buranello* genannt: *»Den Plan in der Hand, suchte ich mich durch die wunderlichsten Irrgänge bis zur Kirche der Mendicanti zu finden. Hier ist das Konservatorium, welches gegenwärtig den meisten Beifall hat. Die Frauenzimmer führten ein Oratorium hinter dem Gitter auf, die Kirche war voll Zuhörer, die Musik sehr schön und herrliche Stimmen. Ein Alt sang den König Saul, die Hauptperson des Gedichtes. Von einer solchen Stimme hatte ich gar keinen Begriff; einige Stellen der Musik waren unendlich schön, der Text vollkommen singbar, so italienisch Latein, dass man an manchen Stellen lachen muss; die Musik aber findet hier ein weites Feld.«*[1]

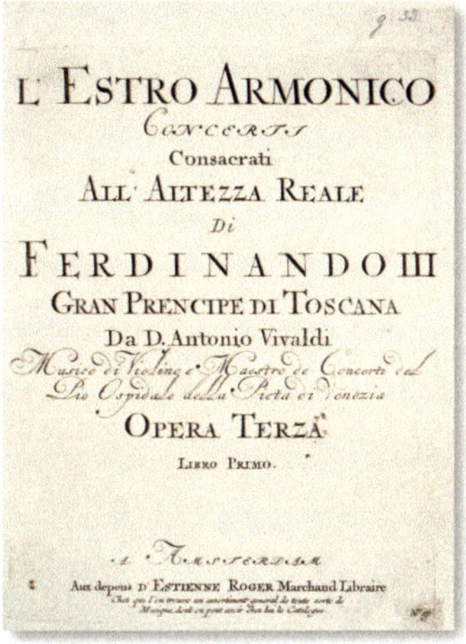

»L'Estro Armonico«
Titelblatt des Notendrucks mit Widmung Vivaldis an Großherzog Ferdinand III. von Toskana

Auch Rousseau hat damals begeistert diese wunderbaren Mädchenchöre gehört und beschreibt das Publikum – Musikfreunde, sogar Opernsänger kamen hierher, um zu lauschen. Die Mädchen sangen nicht sichtbar hinter einem Gitter, und er bat und flehte, man möge ihm diese Engel nur ein Mal zeigen – bis ein Herr Le Blond, wohl ein Verwalter der *Mendicanti*-Kirche und -Schule, seinen Wunsch erfüllte: *»Herr Le Blond stellte mir eine dieser berühmten Sängerinnen nach der andern vor, deren Stimme und Namen mir bisher allein bekannt waren. ›Kommen Sie, Sophie …‹ Sie war abschreckend hässlich. ›Kommen Sie, Cattina …‹ Sie war einäugig. ›Kommen Sie, Bettina …‹ Die Blattern hatten sie entstellt. Fast nicht eine Einzige war ohne ein recht hervortretendes Gebrechen. Der Schelm lachte über meine sichtliche Befremdung. Zwei oder drei kamen mir indessen leidlich vor, es waren aber nur Choristinnen. Ich war trostlos. Während des Vesperbrotes neckte man sie; sie wurden ausgelassen. Die Hässlichkeit schloss jedoch Anmut*

[1] Johann Wolfgang von Goethe, *Italienische Reise*

Die Partiturseite einer Motette von Vivaldi

nicht aus; ich nahm sie an ihnen wahr. Ich sagte mir: man singt so nicht ohne Seele; sie ist ihnen zuteilgeworden. (...) Ich fand ihre Gesänge noch immer hinreißend, und ihre Stimmen verliehen ihren Gesichtern einen so lieblichen Reiz, dass ich sie, meinen Augen zum Trotz, solange sie sangen, beharrlich schön fand.«[1]

Das Wort »Konservatorium« kommt von *conservare*, »bewahren«, und geht zurück auf Bewahranstalten, Waisenhäuser in Neapel, in denen auch Kinder musikalisch ausgebildet wurden. In Venedig sagte man *ospedali*, weil die Institute an Krankenhäuser angeschlossen waren. Vivaldi baute am *Ospedale della Pietà*, dem ältesten, 1345 gegründeten *ospedale*, einen berühmten Mädchenchor mit Orchester auf. Die Mädchen bekamen zu ihren Vornamen den Namen ihres Instrumentes oder ihrer Gesangsstimme – *Catarina dal Cornetto, Luciana Organista, Maddalena dal Soprano.*

Vivaldi gab Konzerte, schrieb Konzerte – Hunderte von Konzerten und zahllose Opern. 94 Opern habe er komponiert, sagte Vivaldi, von 47 nachweislichen wissen wir heute, für einige hat der damals noch junge Carlo Goldoni die Libretti geschrieben.

»Vivaldi wird sehr überschätzt. Er war ein langweiliger Mensch, der ein und dasselbe Konzert 400 Mal geschrieben hat«, soll Igor Strawinsky gesagt haben. Einige zitieren es mit *»dasselbe Konzert 450 Mal«*, andere kommen auf 600 gleiche Konzerte, aber er soll auch gesagt haben: *»Vivaldi hat tausend vollendete Violinkonzerte geschrieben.«*

Lassen wir Strawinsky lästern und freuen uns an einer wunderbaren Anekdote zum Thema Strawinsky und Vivaldi, die Joseph Brodsky in *»Ufer der Verlore-*

[1] Jean-Jacques Rousseau, *Bekenntnisse 1771*

nen« notiert. Sie hat mit Olga Rudge zu tun, der Gefährtin des Dichters Ezra Pound; Brodsky hatte als junger Mann Pound übersetzt und Olga Rudge auch zusammen mit Susan Sontag in Venedig besucht. Olga Rudge war Geigerin und hatte die allererste *Settimana Vivaldi*, eine Vivaldi-Woche in Venedig, organisiert, kurz vor Ausbruch des Zweiten Weltkriegs.

»Sie fand, wie mir jemand erzählt hat, im Palazzo der Gräfin Polignac statt, und Miss Rudge spielte Violine. Während sie das Stück spielte, bemerkte sie aus den Augenwinkeln, dass ein Herr den Salon betreten hatte und an der Tür stehen blieb, da alle Stühle besetzt waren. Es war ein langes Stück, und jetzt war sie ein wenig in Unruhe, weil sie sich einer Passage näherte, wo sie umblättern musste, ohne ihr Spiel zu unterbrechen. Der Mann im Augenwinkel hatte sich allmählich in Bewegung gesetzt und war bald aus ihrem Blickfeld verschwunden. Die Passage kam näher, und ihre Nervosität näherte sich ebenfalls dem Höhepunkt. Und dann, genau an der Stelle, an der sie umblättern musste, tauchte von links eine Hand auf, reckte sich zum Notenpult und blätterte langsam um. So spielte sie weiter, und als die schwierige Passage vorüber war, hob sie die Augen nach links, um ihrer Dankbarkeit Ausdruck zu verleihen. ›Und so‹, hat Olga Rudge einer Freundin von mir erzählt, ›habe ich Bekanntschaft mit Strawinsky gemacht.‹«[1]

Vivaldi war alles andere als langweilig, er führte sogar eine interessante Doppelexistenz: Zum einen war er Priester und Lehrer, zum andern trieb er sich gern im Opern- und Theatermilieu herum, hatte höchst zweifelhafte Freunde und natürlich eine Geliebte, Anna Girò, von der Kirche nicht gern gesehen.

[1] Joseph Brodsky, *Ufer der Verlorenen*

35 lange Jahre leitete er den Chor und das Orchester im *Ospedale della Pietà*. Vivaldi las keine Messen mehr, er komponierte und geigte und baute Chöre und Orchester auf und war nach seinem Tod trotz des riesigen, erfolgreichen Werkes vergessen – erst 1926 entdeckte man ihn und seine Noten wieder, und da traten dann vor allem die berühmten *»Quattro stagioni«*, die *»Vier Jahreszeiten«*, ihren Triumphzug durch die Konzertsäle an.

Ich gehe natürlich auch in die unvermeidlichen *»Vier Jahreszeiten«*, einmal wenigstens, und ehrlich gesagt eher seufzend, pflichtbewusst: Vivaldi ist in Venedig ein Muss. Aber siehe da: Es wird wirklich schön, es wird gut gespielt, nicht gehudelt. Das Konzert ist in der ehemaligen Kirche *San Vidal*, in der Galuppi beigesetzt wurde, und während der Musik kann man Gemälde bewundern von Carpaccio (nein, nicht die italienische Vorspeise, sondern Vittore Carpaccio (er malte das Altargemälde für *San Vidal*), und Piazzetta (nein, kein nettes Plätzchen, sondern Giovanni Piazzetta, Maler kräftiger Genreszenen). Ein kalter Abend Anfang März, das Konzert in *San Vidal* mitten in der Woche ist erstaunlich gut besucht. Viele aufmerksame Kinder mit ihren Eltern sind unter den Zuhörern, und mir wird bewusst, dass sie vielleicht hier zum ersten Mal in ihrem Leben Vivaldi hören. Wie schön muss es sein, Venedig zum ersten Mal zu sehen, Vivaldi zum ersten Mal zu hören!

Und mir fallen meine ersten Male ein: Das erste Mal Venedig mit Anfang zwanzig, beeindruckt, ja, aber verliebt, letztlich nichts sehend als meine Liebe, dumm und unerfahren und immer auf der Suche nach billigen Kneipen und Wein, in den Kirchen aber habe ich Kerzen angezündet, dass die Liebe bleiben möge. Sie blieb nicht.

Der erste Vivaldi: eine kleine Schallplatte, 45 Umdrehungen, mit den »*Vier Jahreszeiten*«, 1958, auf meinem roten Kofferplattenspieler, welches Glück! Diese Liebe blieb.

Was ist an dieser Musik so besonders? Konrad Beikircher formuliert es flapsig-treffend in seinem witzigen, kenntnisreichen Konzertführer »*Scherzo furioso*«:

»Jeder Konzertsaal ist proppenvoll, wenn die ›Quattro Stagioni‹ auf dem Programm stehen, jeder Edel-Italiener lässt sie als Hintergrundmusik laufen, Fluggesellschaften setzen sie als Landungsmusik ein, kurz: seit gut 30 Jahren dreht sich der Globus zum Takt von Vivaldi. Die Heiterkeit dieser Musik allein kann es nicht sein, es gibt heiterere. Das Barockelement allein kann es nicht sein: das Gros derer, die sich diese CD anhören, halten Barock für ein Kartenspiel oder einen Herrenduft. Das Simple kann es auch nicht sein, denn sooo simpel ist die Musik auch wieder nicht. Die Bildhaftigkeit langt auch nicht ganz als Erklärung, denn Blitze und Donner gibt es häufiger. (…) Das Geheimnis des übermäßigen Erfolgs liegt eher in unserer übermäßigen Sehnsucht: nach Sonne, Licht, Natur, Heiterkeit, Unbeschwertheit, Einssein mit allem – und das alles in überschaubarem zeitlichen Rahmen. Das Moderne und Eingängige ist vielleicht auch die Kürze, das Knappe, Musikclipartige: Die Musik ist so klar, so in sich geschlossen, so überzeugend, dass sich keine Fragen mehr stellen. Dazu kommt, dass unseren Hörgewohnheiten seit New-Orleans-Jazz bis Swing und seit Beatles und Stones bis heute die ›Quattro Stagioni‹

folgende Doppelseite:
Interpreti Veneziani spielen in San Vidal, im Hintergrund das Altarbild *Glorie des Heiligen Vitalis* von Vittore Carpaccio von 1513

sehr entgegenkommen: Drei- bis Fünf-Minuten-Einheiten, Solo-Tutti-Abwechslung, wiederkehrende Elemente, extreme Dynamiken. Das ist alles fast so, als wäre es heute geschrieben worden. Und – nicht zu vergessen – der leichte Humor, der über allem schwebt: die Betrunkenen, die klirrende Kälte, die Stürme, der bellende Hund. Das alles lässt lächeln, setzt keine musikhistorischen Kenntnisse voraus und ist obendrein in unbestreitbarstem Sinne – schön.«[1]

oben und gegenüber:
Szenen aus »*La Traviata*« von G. Verdi, *Musica a Palazzo*

Bis heute ist Vivaldi gewiss der am meisten gespielte Komponist in Venedig. Wer sucht, kann ihn täglich hören. Und natürlich ist manches Programm, das da an den Abenden zu Gehör kommt, etwas beliebig und für Touristen zur Unterhaltung zusammengestellt und manchmal, ja, auch leicht hurtig heruntergefidelt, aber immer wieder gerät man in erstaunlich intensive, schöne Konzerte von guten Musikern, die sich hier etwas dazuverdienen. Ein Abend ganz ohne Musik in Venedig – ein undenkbarer Zustand. Es sind jeden Abend irgendwo Konzerte, jeden, ob Sommer oder Winter, in den Kirchen, in Sälen, in der Oper, in alten *palazzi*, die tagsüber düster daliegen und abends geöffnet werden. Da ist manchmal nur ein Hinweis, ein kleines Schild an der Hauswand oder ein gedruckter Zettel, der im Hotel liegt, und man entdeckt etwas sehr Besonderes: *Musica a Palazzo*, Musik im Palast, jeden Montag und Freitag, halb neun, wahlweise »*La Traviata*«, »*Il barbiere di Siviglia*« oder »*Duetti d'amore*«: Opernarien von Puccini, Verdi, Mascagni.

Palazzo Barberigo Minotto, einer der kleineren Paläste, aus dem 15. Jahrhundert, gleich am *Canal*

[1] Konrad Beikircher, *Scherzo furioso*

Grande. Die schöne Fassade zeigt immer zum Kanal, hinten sind düstere Eingänge, über verschlungene Gassen nur mühsam zu finden. Tagsüber ist auch der *Palazzo Barberigo Minotto* ein abweisend verschlossenes Haus am Ende einer Sackgasse, Fischgeruch, eine fidele Ratte huscht vorbei, frech, weil es kaum noch Katzen gibt. Abends dann: Das Tor zum Hof steht weit offen, Kerzen auf allen Treppenstufen, Blumen im ersten Stock, im *piano nobile*, ein freundliches Willkommen, ein Glas *spumante* zur Begrüßung, und da sitzen dann dreißig, fünfzig, auch schon mal achtzig Zuhörer auf alten Stühlen im Vorzimmer, wo man früher die Gäste empfing. Rilke beschreibt genau diesen *Palazzo Barberigo* und seine glanzvollen Feste in seinem Roman »*Malte Laurids Brigge*« – die Erwartung des Wunderbaren, die Gespräche, die Gäste: »*Wie sie, ganz unvorbereitet, keine Gefahr begreifend, von den fast tödlichen Geständnissen der Musik sich anreizen lassen wie von körperlichen Indiskretionen, so überliefern sie sich, ohne die Existenz Venedigs im Geringsten zu bewältigen, der lohnenden Ohnmacht der Gondeln.*«[1]

Ensemble *Musica a Palazzo*

Noch sind wir nicht wieder in den Gondeln, noch warten wir auf die »fast tödlichen Geständnisse der Musik …« im *palazzo.* Das *piano nobile* wurde von einem Musikverein gekauft, seitdem gibt es hier fast täglich Konzerte. Ein kleines Orchester, bestehend nur aus einem Streichertrio und der vielfach ausgezeichneten Pianistin Elisa Marzorati am Klavier, spielt perfekt. Man sitzt mitten in morbider Pracht, kunstvoller Stuck an den Decken, Rosentapeten aus verblichener Seide – wie schön muss es hier gewesen sein in der Blütezeit dieser *palazzi*, wie

[1] Rainer Maria Rilke, *Die Aufzeichnungen des Malte Laurids Brigge*

schön ist es jetzt im leisen Niedergang noch immer. Die Oper wird gekürzt gegeben, das Personal ist geschickt auf die drei Hauptfiguren reduziert: Violetta, die flirrend erotische Kurtisane, die Kameliendame, die ihre Gunst großzügig vergibt an jenen Tagen, an denen sie sich eine weiße Kamelie ans Kleid heftet. Trägt sie eine rote, ist sie unpässlich; Alfredo, der junge Mann aus gutem Hause, der sich unsterblich in sie verliebt und ein bürgerliches Leben mit ihr versuchen möchte; Germont, der Vater, der darüber entsetzt ist, die beiden auseinanderbringt und am Ende einsieht, dass er damit alle, auch sich selbst, unglücklich gemacht hat.

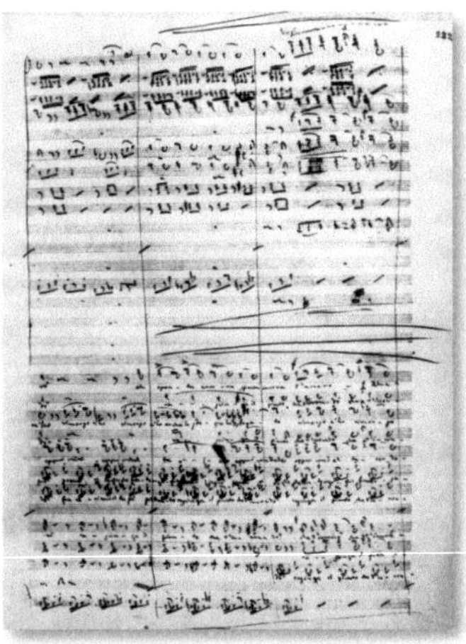

Eine Partiturseite von Verdis Notenhandschrift für »*La Traviata*«

Was für ein Stoff, von Giuseppe Verdi vertont nach dem Roman von Alexandre Dumas, der nur fünf Jahre zuvor in Paris erschienen war. Violettas Dienerin Annina spielt, hier stumm, die hübsche junge Frau im langen roten Rock, die auch die Karten verkauft. Eine Musikstudentin vielleicht.

Violetta kommt herein und singt von Glück und Schmerz, die so nah beieinanderliegen. Die große Abendgesellschaft, aus deren Mitte heraus sie das in der Oper singt, der große Chor, das fehlt hier in diesem intimen Rahmen nicht wirklich. Die Abendgesellschaft, das sind ja wir, die Zuhörer.

Auftritt Alfredo, oh Seligkeit, *croce e delizia, delizia al cor!* Wir folgen den Liebenden in einen riesigen Salon mit Supraporten, Gemälden über den Türen von Giovanni Battista Tiepolo – 1744/45 gemalt –, und aus diesem Prachtraum nun der Blick auf den *Canal Grande*, wo es inzwischen ganz dunkel geworden ist, nur die Lichter der Schiffe leuchten noch. Dort im Salon kommt es zur Begegnung zwischen

Germont, Alfredos Vater, und Violetta, der *Tra-via-ta*, der vom Wege Abgekommenen: er beschwört sie, diese Liebe aufzugeben, die dem Ansehen seiner Familie schadet – und, ja: *»Piangi, piangi!«*, singt er, »Weine, weine«, und wir weinen mit, weil wir der Traviata noch nie so nah waren wie in diesen Räumen, in denen sich das alles wirklich abgespielt haben könnte, ob in Paris oder Venedig. Den Bariton Carlo Maria Cantoni, der den Germont singt, hat man schon in der Mailänder Scala gehört, das hier sind keine Studentenkonzerte, es sind Profis am Werk, oft Sänger und Musiker aus dem benachbarten *La Fenice*, wie zum Beispiel der Violinist Stefano Zanchetta. Wieder zieht der kleine Tross samt Orchester um, in ein prächtiges Schlafgemach mit sanft verbleichenden Wandmalereien, alten, abgetretenen Teppichen, wir sitzen auf vergoldeten Stühlchen. Hinten im Raum ein hohes Himmelbett, alles ganz in Weiß, da liegt nun blass und sterbenskrank Violetta und stirbt an ihrer Liebe, Alfredo und Germont raufen sich an ihrem Bett die Haare, wir sitzen bewegt dabei, und die Musiker spielen die letzten Akkorde, und wir gehen die Treppe hinunter zum *Canal Grande*, ja, jetzt: *»Gondola, gondola!«*, die *»lohnende Ohnmacht der Gondeln«*, es ist wie ein Traum und doch wahr, heute in Venedig, noch immer. Das Herz heilt.

Hier, nur ein paar hundert Meter weiter, am *Teatro La Fenice*, hat Giuseppe Verdi 1853 seine Oper *La Traviata* uraufgeführt und wurde ausgebuht, man wollte nicht so ein Seelendrama um eine Kurtisane, und die Sängerin der schwindsüchtig hustenden Violetta in der Uraufführung, Fanny Salvini-Donatelli,

Aquarell von Pietro Bertoja: Bühnenbild zum II. Akt, 2. Bild, für die Uraufführung von *»La Traviata«* im *La Fenice*

GRAN TEATRO
Per la sera di Domenica 6 Marzo 1853.
PRIMA RAPPRESENTAZIONE
LA TRA
Libretto di F. M. PIAVE. — Musica del Maestro G. VERDI
PERSONAGGI
ARTISTI
VIOLETTA Valery
Fanny Salvini-Donatelli
FLORA Bervoix
Speranza Giuseppini
ANNINA
Carlotta Berini
ALFREDO Germont
Lodovico Graziani
GERMONT Giorgio, suo padre
Felice Varesi
GASTONE, Visconte de Letorieres
Angelo Zuliani
Coro di Signori e Signore amici di Violetta e Flora, Mattadori, Piccadori e Zingare. — COMPARSE di Servi
Lo spartito è di proprietà del Sig. Giovanni Ricordi di Milano — Il vestiario di proprietà
Dopo l'Opera avrà luogo il gran Ballo in cinque Atti composto e messo in Scena
LA LUCERNA MA
PERSONAGGI
ARTISTI
PALMIRA
BEDUR, Principe Tartaro
ALADINO, giovane pastore fratello di
SCHERINA
ZULICA, Incantatrice africana.
Domenico Sipelli
Raffaele Rossi.
Adelaide Meneghini-Rossi
Marietta Monticini
Ufficiali — Maghi — Guardie dell'Impero — Sacerdoti di Brama — Bajadere — Danzatori — Popolo
Pazzi — Mori — Banda — Soldati Tartari e Chinesi — Guerrieri di Aladino — Danzatori Chinesi
DANZE.
Atto Terzo — GRAN MARCIA DANZANTE eseguita da tutti i primi ballerini di mezzo cara
Atto Quarto — TERZETTO composto dal Primo Ballerino assoluto sig. EUGENIO DURAND ed
» » — BALLABILE CINESE e INDIANO eseguito da tutto il corpo di Ballo.
Il prezzo del Biglietto d'Ingresso
Pei Piccoli Fanciulli
La prima Fila degli Scanni resta riservata pei Sig. Ufficiali, e gli altri tutti si vendono ad A. L. 3: — al Cancello di M.
Dalle ore 11 ant. alle ore 3 pom. saranno dispensati i libretti ai Sigg. Abbuonati nel solito locale degli abbuonamen
dell'Impresa verranno sequestrati pei riguardi dovuti ai diritti di proprietà.
Dal Camerino del Teatro il 6 Marzo 1853.
Si alza la Tela alle ore

Das Plakat zur Ankündigung von *»La Traviata«*

war schon achtunddreißig und sehr korpulent und in dieser Rolle wenig glaubwürdig, es wurde gelacht, Kissen flogen auf die Bühne, *buh! buh!* Verdi pflanzte danach, so sagt die Legende, im Garten seines Landgutes Sant'Agata bei Busseto in der Emilia Romagna, aus der er stammte, eine Trauerweide. Die Legende lügt, ich war in Sant'Agata: Ja, er hat die Trauerweide gepflanzt, aber nicht nach der missglückten Uraufführung, ja, da steht auch eine Eiche, aber sie wurde nicht zum »*Trovatore*«, zum »*Troubadour*«, gepflanzt. Man weist das dort energisch zurück. Ich glaube es trotzdem, weil es schön ist. Schön ist manchmal wichtiger als wahr.

Wahr ist, dass sich Verdi durch den Misserfolg der Uraufführung nicht beirren ließ, er wusste, dass er eine große Oper geschaffen hatte, und nur ein Jahr später wurde »*La Traviata*« an einem anderen Theater in Venedig, dem *Teatro San Benedetto*, erneut aufgeführt, die Rolle der Violetta sang überzeugend die junge, schöne Maria Spezia, und die Oper trat ihren Siegeszug durch die Welt an, bis heute.

Aber einige Jahre später steckte Giuseppe Verdi in einer tiefen Krise und konnte nicht mehr komponieren, nachdem er zum ersten Mal Wagner gehört und gespürt hatte, dass diese Musik alles verändern und den italienischen *belcanto* beenden würde. Franz Werfel hat über diese Zeit 1923 seinen Roman »*Verdi – Roman der Oper*« geschrieben und lässt Verdi sagen:

»Wir sind Italiener. Das Prinzip unserer Musik ist grundverschieden von dem der deutschen. Die deutsche Musik beruht auf dem sogenannten temperierten Instrument, wie es das Klavier und die Orgel ist, auf der

abstrakten, fast nur gedachten Note. Die italienische, unsere, auf dem frei schwingenden Gesangston.«[1]

Der echte Verdi hatte in einem Brief gestöhnt: »*Wie hätte ich denn unter italienischem Himmel einen ›Tristan‹ schreiben können!*« Ach, Verdi: aber genau unter italienischem Himmel, hier in Venedig, hat Wagner ihn ja doch zum Teil geschrieben, diesen »*Tristan*« …!

»*Eine große Liebe unter sich zwingend wie ein widerspenstiges Reittier, so wählte Wagner das Glutbecken Venedigs, um darein sein tragisches Liebespaar zu schließen, um es durch sich selbst zu vernichten und ihr Rasen bis zu der Höhe des Lebens tragen zu lassen, wo die Liebeswut töten muss und Tristan sich in den Tod verzehrt. In Venedig bringt Wagner seine Helden zum Opfer, und er selber verdoppelt sich an Macht und Leben.*«[2]

Verdi litt unter Wagner, und vielleicht litt Wagner, der 1883 im *Palazzo Vendramin* im Sterben lag, unter Verdi? Wolfgang Koeppen malt es sich aus: »*Und wie qualvoll wars in seiner Todesstunde, überall die Drehorgel zu hören, mit der Musik Verdis, den alle liebten und alle ins Herz geschlossen hatten.*«[3]

Ach nein, so wird es nicht gewesen sein, der *Palazzo Vendramin* liegt am Kanal, und Drehorgeln gibt es nicht in Venedig, wo es immer treppauf, treppab über Brücken geht, aber die *gondolieri*, die könnten etwas von Verdi gesungen haben …

Am Ende des 17. Jahrhunderts gab es sieben historische Theater in Venedig – zwei Sprech- und fünf Musiktheater. In seiner Blütezeit im 17. Jahrhundert hatte Venedig fast in jedem Stadtviertel ein Theater oder ein Opernhaus, sie hießen zumeist nach der be-

Der Zuschauerraum des Teatro La Fenice
Kupferstich von Gaspare Cagnoni, um 1810

[1] Franz Werfel, *Verdi – Roman der Oper*
[2] André Suarès, *Die Fahrten des Condottiere. Eine italienische Reise*
[3] Wolfgang Koeppen, *Ich bin gern in Venedig warum*

nachbarten Kirche: *Santi Giovanni e Paolo, San Moisé, San Giovanni Crisostemo, San Benedetto* und eben *San Cassiano*, das erste überhaupt in der Welt eröffnete Opernhaus. Wo früher das Opernhaus *San Benedetto* war, ist heute das Kino *Rossini*. *San Benedetto* war ein besonders vornehmes Theater, und als es von den privaten Betreibern 1787 an den Besitzer des Grundstückes zurückgegeben werden musste, kaufte man 1790 ein Grundstück zwischen den Stadtteilen *Santa Maria Zobenigo* und *Sant'Angelo* und errichtete da in nur achtzehn Monaten ein neues Opernhaus, den Phönix, *La Fenice*. Am 16. Mai 1792 mit Giovanni Paisiellos Oper *»I giuochi di Agrigento«* eröffnet, wurde dieses prächtige Haus bald zu einem der führenden Opernhäuser Europas.

Phönix über dem Eingang von *La Fenice*

Gioacchino Rossinis *»Tancredi«* wurde 1813 hier uraufgeführt, Vincenzo Bellinis *»I Capuleti e i Montecchi«* 1830, Gaetano Donizettis *»Belisario«* 1836, Giuseppe Verdis *»Ernani«* 1844, von Verdi dirigiert und inszeniert, und ebenso kamen seine Opern *»Attila«* (1846), *»Rigoletto«* (1851), *»La Traviata«* (1853) und *»Simon Boccanegra«* (1857) hier zur Uraufführung. Aber auch Opern von Igor Strawinsky (*»The Rake's Progress«*, 1951), Sergej Prokofiev (*»The Fiery Angel«*, 1955) oder Benjamin Britten (*»The Turn of the Screw«*, 1954) hatten ihre Premieren in *La Fenice*. Und zusammen mit der Biennale für moderne Kunst begann das *La Fenice* ab 1930 mit Festivals für Zeitgenössische Musik.

Die Geschichte von *La Fenice – nomen est omen?* – ist dramatisch. In der Nacht zum 13. Dezember 1836 brannte das Haus ab, Ursache war die erst kurz zuvor installierte neue Heizung. Drei Tage und drei Nächte wurden Flammen und Schwelbrände gelöscht, und schon wenige Monate später begann der Wiederaufbau. Während dieser Zeit wurde im *Teatro Apollo* gespielt, dem heutigen *Teatro Goldoni,* das jetzt hauptsächlich Komödien zeigt. Schon im Dezember 1837 konnten in *La Fenice* wieder Opern gegeben werden, es musste aber noch dauernd nachrestauriert werden.

1996 kam der nächste große Brand, diesmal mutwillig gelegt, er zerstörte das Haus so gut wie ganz. Jahrelang lag das gähnende schwarze Loch hinter Gerüsten, mit Abdeckungen verhangen, wie eine riesige Wunde mitten in Venedig. Aber es sollte wieder aufgebaut werden, *»dov'era e com'era«*, wo es war und wie es war, so das Motto. Es ist gelungen, und es wurde dabei auch nach modernsten Möglichkeiten unauffällig akustisch auf den neuesten Stand gebracht. Die alte Pracht ist wieder da, es fehlt nur noch die Patina der Jahre, die aber beim feuchten Klima Venedigs wohl nicht lange auf sich warten lassen wird.

Die geniale Architektur ist geblieben: Apollinisch streng der Eingang mit den Säulen, hier waltet noch der Gott von Vernunft und Ordnung, über dem Eingang der immer wieder aus der Asche auferstandene Phönix, *fenice*, darüber ein Balkon, darüber die Lyra des Orpheus; streng, schön, schlicht. Aber dionysisch überbordend das Innere, eine Orgie an Sinnenrausch und Phantasie. Der Eingangsbereich ist großzügig, der Saal mit den fünf Rängen imposant und prunkvoll, wiedererstandenes Rokoko mit aller Feinheit und Raffinesse. Nymphen, Satyrn, Putten, Gold, Lüster – die Oper als Ritual: gesittet gehen wir hin-

folgende Doppelseite:
Publikum geht ins *La Fenice*

Im *Teatro La Fenice*

Der grüne Samtvorhang des *Teatro La Fenice*

ein, leidenschaftlich aufgewühlt kommen wir heraus. Im Idealfall …

An der Decke, gemalt, die drei Grazien: für Musik, Gesang, Tanz. Wir sehen an den Außenseiten der Ränge Engel, junge Frauen und Amor-Figuren, die natürlich auch Musik machen, im dritten Rang entdeckt man kleine Putten, die Namenstäfelchen halten: Es sind Namen von Komponisten und den vierzehn wichtigsten Opern, die in diesem Haus aufgeführt wurden. In ganz Italien sind die Vorhänge in den Opernhäusern rot – nur in Venedig ist es grüner Samt, grün und inzwischen unbrennbar, verziert mit über eintausend goldenen Blumen. Im ersten Stock liegen die Apollo-Säle, der große Ballsaal, der Dante-Saal mit der Bar, der Rossi-Saal, ganz in Zypressenholz, wo mitunter auch wegen der hervorragenden Akustik die Chor- und Orchesterproben stattfinden. Hier werden natürlich auch Konzerte gegeben, und diesen Raum kann man auch durch einen Hintereingang mit »*Gondola, gondola!*« über einen kleinen Kanal und eine Brücke erreichen, die erst kürzlich nach Maria Callas benannt wurde. Und wenn dann hier ein Konzert ist, läuten wieder diese fatalen Glocken von *San Fantin* gegenüber mitten hinein. Man ist eben in Venedig.

Opernplatz mit Café und musikalischer Katze

Das Opernhaus liegt nicht in einer engen Gasse wie so viele andere Gebäude, an denen man bei der Suche fast vorbeiläuft, sondern an einem schönen freien Platz, dem *Campo San Fantin*. Wie mühsam ist zum Beispiel das heute äußerlich so unscheinbare *Teatro Malibran* zu finden, ein einst herrliches kleines Barocktheater, zuletzt im Jugendstil umgebaut, es steht auf den Grundmauern des einst prächtigsten

Opernhauses von Venedig, *San Giovanni Crisostemo*, in dem Georg Friedrich Händel Weihnachten 1709 seine »*Agrippina*« uraufgeführt hat! Man irrt lange in den mit Touristenplunder vollgestopften Gassen von *Rialto* herum, bis man es findet, abgelegen, still, traurig. Seinen heutigen Namen hat es nach der Sängerin Maria Malibran, die 1835 hier eine umjubelte *Sonnambula* von Bellini sang. Man warf Blumenberge auf die Bühne und ließ die Singvögel aus mitgebrachten Käfigen flattern, und sie war darüber so gerührt, dass sie ihre ganze hohe Abendgage dem Impresario schenkte – man nannte das Theater daraufhin *Teatro Malibran*. Vom alten *Teatro di San Giovanni Crisostemo* gibt es nur noch die Grundmauern, und die wiederum sind da, wo einst das Elternhaus des Marco Polo stand. Wagner war oft im *Teatro Malibran* und hat sich mit Vergnügen Lustspiele, vor allem von Goldoni, angesehen.

Für den Wiederaufbau von *La Fenice* wurde gesammelt. Einen Scheck über 1.200 Euro sollen Venedigs Prostituierte damals dem Bürgermeister Massimo Cacciari übergeben haben, und Woody Allen gab ein Benefizkonzert mit seiner Band im *Teatro Goldoni*.

Erst im Dezember 2003 fand die Wiedereröffnung des komplett originalgetreu wiederhergestellten Theaters statt – mit »*La Traviata*«. Damals sah man überall in den Gängen Feuerwehrleute. Doch jetzt – ich hörte Puccinis »*La Bohème*«, auf der Bühne brannte offenes Feuer, wie bei frierenden Bohemiens wohl so üblich – ist kein Feuerwehrmann in Sicht. Aber etwas anderes ist passiert:

Das Orchester sitzt, der Dirigent kommt noch ohne Frack, fast provozierend, im T-Shirt herein, und

Musiker im *Teatro La Fenice*

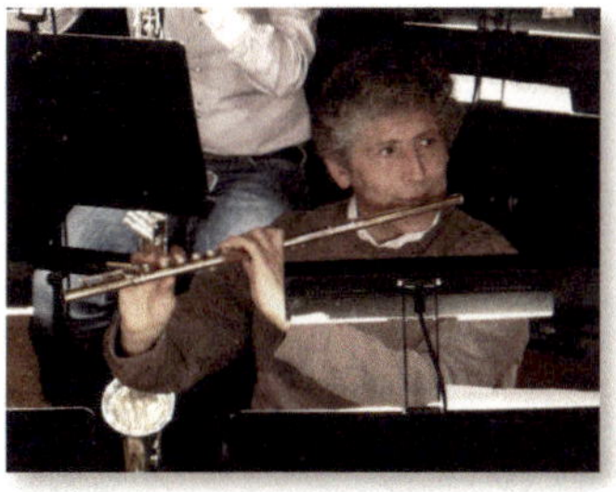

Partitur zur italienischen Nationalhymne

anstatt dass es Musik gibt, folgt zunächst eine Ansprache, die über die dramatischen Kürzungen in der italienischen Kultur, vor allem auch bei der Oper, informiert. Oper, heißt es, ist unsere schönste italienische Tradition, aber wenn es so weitergeht, müssen wir schließen. Bitte, so fleht man das Publikum geradezu an, kämpfen Sie alle mit uns gegen diese nicht mehr hinzunehmenden Einsparungen bei der Kultur. Mehr als vierhundert Jahre nach der Geburtsstunde der Oper in Italien steht es nicht gut um das Musiktheater. Die Krise ist flächendeckend: Viele Häuser spielen ein stark reduziertes Programm oder schließen im Sommer ganz, der Kulturminister Sandro Bondi ist ein enger Freund Berlusconis und kürzte die Gelder für Oper und Theater landesweit um 340 Millionen Euro. Diese »Reform« bezeichnete er als »Revolution«, und das ist es ja wohl auch, wenn man das spätlateinische *revolutio* einigermaßen korrekt mit »Zurückwälzung« übersetzt. Sponsoren sollen für die Kultur sorgen, der Staat mag dafür kein Geld mehr zuschustern. Vielleicht hat er Angst davor, dass die Kunst aus Bürgern Rebellen machen könnte? *»Die Kunst«*, schreibt Donna Leon, *»ist wie ein Wegelagerer, der uns jederzeit überwältigen kann.«*[1]

Das alles hören wir an diesem Abend in *La Fenice*, dem so liebevoll wieder aufgebauten Opernhaus, dem man nun kein Geld für einen gesicherten Betrieb mehr geben will.

Und auch in Rom passierte Ähnliches, Unerhörtes. Da dirigierte anlässlich der Feierlichkeiten zum 150. Jahrestag der Einheit Italiens Ricardo Muti am 12. März 2011, gerade genesen nach Herzschrittmacher und Kieferbruch, Verdis *»Nabucco«*, und nach-

[1] Donna Leon, *Über Venedig, Musik, Menschen und Bücher*

dem der römische Bürgermeister Gianni Alemanno die gravierenden Subventionskürzungen im italienischen Kulturbetrieb verkündet hatte, sprach auch Muti, der gewiss nicht als Revolutionär verschrien werden kann, vor seinem Opernpublikum, und er sagte Folgendes: *»Am 9. März 1842 wurde ›Nabucco‹ als patriotische Oper im Hinblick auf Einheit und Identität Italiens uraufgeführt. Heute am Abend des 12. März 2011 möchte ich nicht, dass ›Nabucco‹ zu einer Totenklage für unsere Kultur und unsere Musik wird.«*

Auf Wunsch des Publikums wiederholte er den Chor der Gefangenen, *»Va, pensiero«*, »Flieg, Gedanke, auf goldenen Flügeln«, und alle sangen mit, *O mia patria, si bella e perduta*, »O mein Vaterland, so schön und verloren«, und aus den Rängen flatterten Blätter mit Forderungen, Italien möge zur Verteidigung seines kulturellen Erbes erwachen. Und in Mailand trugen Mitarbeiter der Scala kürzlich in Särgen symbolisch die Oper zu Grabe.

Also: es gärt überall, der Ausverkauf an Kultur und der drohende Tod der Oper wird nicht mehr hingenommen, es ist noch Hoffnung. Denn was wäre die Alternative – Oper nur noch als Museum?

In Venedig spielt das Orchester nach der Ansprache des Dirigenten die Nationalhymne, wir stehen alle auf und singen mit – es ist ein ergreifender, ein zorniger Moment der Zusammengehörigkeit. Und dann erst geht es los mit *»La Bohème«*, glanzvoll gesungen und musiziert und, ja, etwas allzu betulich inszeniert mit putzigen Häuschen und Vollmond über Künstlerdächern, aber immerhin: Auf dem laufenden Programm steht auch Modernes, Luigi Nono.

folgende Doppelseite:
Canal Grande mit *Palazzo Franchetti* und *Santa Maria della Salute*

Szene aus *»La Bohème«* von G. Puccini, *Teatro La Fenice*

Istituto Veneto
di Scienze Lettere
ed Arti
lino tagliapietra

Blick auf die *Ca' d'Oro*

Doch nirgends wird der arme Alberto Franchetti noch gespielt, der Rivale Puccinis, dessen prächtiges Elternhaus ganz in der Nähe direkt neben der *Accademia*-Brücke steht – die Franchettis waren so etwas wie die Krupps in Italien, schwerreich. Die *Ca' d'Oro*, das »Goldene Haus«, war nach vielen Vorbesitzern lange ihr Familienstammsitz. Albertos Opern sind vergessen, der Schriftsteller Helmut Krausser lässt nicht locker, für ihre Wiederentdeckung zu kämpfen. In der *Ca' d'Oro* ist heute ein Museum, man sieht venezianische Kunst, Gemälde, aber auch, was man alles Grauenhaftes aus Glas machen kann. Man ahnt noch, wie unglaublich prächtig die Franchettis hier gelebt haben müssen, das Gebäude wurde mehrfach umgebaut, verschandelt, restauriert, es wird nie wieder so schön sein wie früher, aber es ist noch immer imposant. Hier hat Rilke 1911 den etwas wirren Alberto Franchetti getroffen: *»In Venedig sah ich, Ende November, Franchetti und hörte ihn spielen auf einem alten Clavecin; er ist eine wunderliche Persönlichkeit, etwas halb Launisches, halb Virtuoses und möglichweise, von beiden gemissbraucht, eine Art Genialität.«*[1]

Das *Museo della Musica*

***

Nicht weit vom *Campo San Stefano* ist in der ehemaligen Kirche *San Maurizio* ein *Museo della Musica*, ein Musikmuseum, das alte Instrumente ausstellt und auch in einer kleinen Werkstatt zeigt, wie Instrumente hergestellt wurden. Es ist jeden Tag geöffnet, der Eintritt ist frei, und man steht staunend vor den Kostbarkeiten vergangener Jahrhunderte. Vene-

[1] Rainer Maria Rilke / Mathilde Vollmoeller, *Briefwechsel*

dig geht freundlich und großzügig um mit seinem kostbaren Schatz, der Musik. Die Stadt war bekannt für den Bau raffinierter Saiten- und Blasinstrumente, selbst den berühmten Cremoneser Geigenbauer Pietro Guarneri zog es nach Venedig, andere venezianische Geigenbauer hatten zumindest bei Amati oder Stradivari gelernt, ehe sie zurückkehrten. Wieder andere kauften für ihre Instrumente immerhin in Venedig den Lack.

»La musica hà la sua propria sede in questa città«, Francesco Sansovino soll das gesagt haben, ein Autor aus dem 16. Jahrhundert: »In dieser Stadt wohnt wirklich die Musik.«

Übrigens: der allererste der berühmten *Commissario Brunetti*-Romane von Donna Leon, die in Venedig lebt, schreibt und alles dafür tut, Georg Friedrich Händels Werke durch gute Aufführungen verstärkt ins Bewusstsein der Öffentlichkeit zu bringen – der erste dieser berühmten Kriminalromane heißt *»Venezianisches Finale«* und spielt in der Oper, Mord in *La Fenice*, natürlich vor dem letzten Akt von *»La Traviata«*. Fritz, der Held in Franz Schrekers Oper *»Der ferne Klang«* (1912), strandet auch in Venedig, wo er seine Geliebte Grete in einem Bordell wiederfindet.

Nachgebaute Werkstatt im Musikinstrumentenmuseum

Venedig hat Künstler wie kaum eine andere Stadt inspiriert. Für die Musiker gilt dies in besonderem Maße. Und seltsam ist: Kaum venezianische Dichter haben die Stadt beschrieben; die Dichter kamen fast immer von auswärts, blieben eine Weile, sahen, staunten, schrieben – und beschrieben kaum je das wirkliche Venedig, sondern eher das, was der Eindruck von Venedig in ihnen an Assoziationen, Gefüh-

Goethe in Venedig
Gemälde von Ernst Pickardt, etwa 1786

len, Überwältigung auslöste. Venedig-Literatur ist in der Regel keine Reiseliteratur, Goethe natürlich ausgenommen. Dante, Boccaccio, Thomas Mann und Alessandro Manzoni, Rilke, Platen, Hesse, Alfred de Musset und Joseph Brodsky, D'Annunzio, Proust und Henry James – für sie alle war Venedig eine Fundgrube an Stoffen, an Geschichten, Gedichten. Sie schrieben – und reisten wieder ab.

»Venedig war nie eine Stadt der Literatur. Es kann die notwendige Einsamkeit nicht bieten.«[1]

Doch auch die Schriftsteller und Philosophen wurden verführt von der Musik, vom Klang Venedigs.

Friedrich Nietzsche seufzt in *»Ecce Homo«*: *»Wenn ich ein anderes Wort für Musik suche, so finde ich immer nur das Wort Venedig. Ich weiß keinen Unterschied zwischen Tränen und Musik zu machen.«*[2]

Gabriele D'Annunzio schreibt in *»Il Fuoco«*: *»Wie man in Venedig nur Musik empfinden kann, so kann man nur Bilder denken. Von allen Seiten strömen sie uns zahllos und mannigfaltig zu, sie sind wirklicher und lebendiger als die Menschen, die uns in den engen Gassen mit dem Ellbogen streifen.«*[3]

D'Annunzio war ein großer Musikkenner und auch Kritiker, er arbeitete mit Komponisten wie Debussy, Franchetti oder Mascagni zusammen, auch mit Puccini hat er es versucht, aber es sollte nicht klappen mit diesen beiden. Als D'Annunzio krank und halb blind in Venedig in einem Zimmer liegen musste, soll jeden Nachmittag ein Quintett gekommen sein und ihm vorgespielt haben.

Thomas Mann, der Wagners Musik und da vor allem den *»Tristan«* liebte, ließ seinen Aschenbach den *»Tod in Venedig«* an der Leidenschaft sterben,

[1] Harold Brodkey, *Venedig*
[2] Friedrich Nietzsche, *Ecce Homo.*
[3] Gabriele D'Annunzio, *Das Feuer*

Benjamin Britten schrieb seine letzte Oper »*Death in Venice*« 1973 über genau diese Erzählung von Thomas Mann.

Auch Musiker kamen, um zu lernen – 1707 zum Beispiel jener Georg Friedrich Händel, und er soll auf einem Maskenball, verkleidet, Cembalo gespielt haben. Domenico Scarlatti, ein brillanter Cembalospieler und einer der neun Söhne von Alessandro Scarlatti, soll in der Nähe gewesen sein und gesagt haben, wer da gerade, und zwar so, spiele, müsse der Teufel selbst oder dieser verfluchte Sachse sein, *il sassone maledetto* – Händel war enttarnt. Der »verfluchte Sachse«! Christoph Willibald Gluck kam Mitte des 18. Jahrhunderts mehrmals zu Aufführungen seiner Werke nach Venedig, einmal zusammen mit Carl Ditters von Dittersdorf, Violinvirtuose, Komponist und – Forstmeister aus Wien.

Christoph Willibald Gluck am Spinett
Gouache von
Joseph S. Duplessis, 1776

Bach war nie in Venedig – aber er hat Vivaldi geschätzt und einige seiner Stücke bearbeitet. Ob er Opernkomponist geworden wäre, hätte er eine Weile in Venedig leben können?

»*Ich weiß nicht, ob Bach das 5. Brandenburgische Konzert geschrieben hätte mit dieser langen Kadenz, wenn er nicht die Vivaldi-Konzerte gekannt hätte*«, sagt der Dirigent und Organist Andrea Marcon, Venezianer auch er, der es eine Schande für Italien findet, dass man dort die Werke Monteverdis, Galuppis, Cavallis kaum noch kennt oder je aufführt. Er ist auch Vivaldi-Spezialist und sagt: »*Vivaldi ist zerbrechlich. Genau wie Venedig.*«[1]

Antonio Lotti, Kapellmeister an *San Marco*, war 1717 in Dresden und hat Bach beeindruckt und beeinflusst. Baldassare Galuppi ging 1741 als Hauskom-

[1] Andrea Marcon, »*Vivaldi lebt von der Leichtigkeit*«

Lorenzo Da Ponte
Porträt von Michele Pekenino

ponist an das Londoner *King's Theatre in the Haymarket* und war mit seiner neu entwickelten Form der *opera buffa* einige Jahre Händels schärfster Konkurrent um die Gunst des Publikums. Später kehrte Galuppi nach Venedig zurück, wurde Kapellmeister von *San Marco* und schrieb noch sehr viele komische Opern nach Libretti des Venezianers Carlo Goldoni.

Wenn schon von Libretti die Rede ist: Der venezianische Schriftsteller Lorenzo Da Ponte, politisch anstößiger Texte wegen aus Venedig verbannt, wurde später der berühmteste Librettist für die Opern von Wolfgang Amadeus Mozart, nämlich *»Lo sposo deluso«*, *»Le nozze di Figaro«*, *»Don Giovanni«* und *»Così fan tutte«*.

Dieser unfassbar quirlige, intelligente Mann mit dem spannenden Leben voller Niederlagen und überwältigender Neuanfänge hat für mehr als zwanzig Komponisten geschrieben, unter anderem für Domenico Cimarosa, Giovanni Paisiello, Joseph Haydn, Christoph Willibald Gluck und Antonio Salieri. Er war ein Genie, unendlich belesen, er bediente sich bei Shakespeare, Molière, Calderon, Voltaire, Beaumarchais und vor allem bei Goldoni und bastelte seine Libretti geschickt mit eigenen Einfällen daraus zusammen. In Venedig hatte er zahllose Liebesabenteuer; hinreißend erzählt er in seinen Memoiren davon.

Die bedeutenden Musiker, die in dieser Stadt wirkten, waren in der Regel Venezianer oder lebten lange dort, blieben, oder kamen – wie Wagner – nach Venedig, um eben im besonderen Zauber dieser stillen, schönen Stadt ihre Musik zu schreiben. Oder sie arbeiteten hier, wie Strawinsky, der ja unter anderem sein spezielles Konzert für *San Marco* schrieb, das

»Canticum sacrum ad honorem Sancti Marci nominis«, sogar die Orgel war mit einbezogen – einmalig im Werk von Igor Strawinsky und ausdrücklich zu Ehren der alten venezianischen Meister. In seinem Arbeitszimmer hing angeblich immer ein Porträt von Claudio Monteverdi. *»Offensichtlich fühle ich mich ihm sehr verbunden, aber er ist ja wohl auch der erste Musiker, dem wir uns überhaupt eng verbunden fühlen können.«*[1]

Strawinsky starb in New York und verfügte, auf San Michele in Venedig begraben sein zu wollen. Und das ist er.

»Die Stadt Venedig ehrt den großen Musiker Igor Strawinsky, der mit einer Geste besonderer Freundschaft zu Lebzeiten den Wunsch hatte, in der Stadt beigesetzt zu sein, die er mehr als jede andere liebte.«

Auf einem Plakat soll das gestanden haben, am Tag der Beisetzung auf San Michele.

»Die Toten sind in einer fernen Insel versteckt, die von roten Mauern umhegt einer Kiste gleicht.«[2]

Das Grab von Strawinsky auf San Michele

Der Amerikaner Robert Craft war mehr als zwanzig Jahre der Assistent und engste Vertraute von Igor Strawinsky. In einem Interview erzählt er, wie er 1970, ein Jahr vor Strawinskys Tod, in New York zusammen mit dem Komponisten die Testpressung der *»Requiem Canticles«* abhörte, und Strawinsky soll am Ende geflüstert haben: *»Dies ist für Venedig.«* Craft glaubt, dass Strawinsky seit seinem allerersten Besuch in Venedig 1912 (zusammen mit dem russischen Choreographen Sergei Diaghilev) daran gedacht hatte, hier beerdigt sein zu wollen. Heute ruhen sie nah beieinander, im orthodoxen Teil des Friedhofs, und

folgende Doppelseite: Das Grab von Diaghilev

[1] Robert Craft, *Stravinsky. Chronicle of a Friendship*
[2] André Suarès, *Die Fahrten des Condottiere. Eine italienische Reise*

auf Diaghilevs Grab liegen immer in Wind und Regen verwitterte Ballettschuhe alter Ballerinen, die nicht mehr tanzen. Hier hat sich auch Robert Craft eine Grabstelle gekauft, und in der Nähe liegt der russische Schriftsteller und Nobelpreisträger Joseph Brodsky begraben, den Venedig immer an Petersburg erinnerte. Und der über Musik sagte, sie sei doch die Zwillingsschwester des Wassers …

Abends versuchte Brodsky, in die Oper zu gehen, aber, ach: »*Abends gibt es hier nicht viel zu tun. Oper und Kirchenkonzerte sind natürlich erste Wahl; doch das erfordert einige Initiative und Organisation: Eintrittskarten und Programme und dergleichen. So etwas liegt mir nicht; es ist fast so, als würdest du dir eine Mahlzeit mit drei Gängen ganz für dich allein zubereiten – vielleicht sogar noch einsamer. Und im Übrigen ist es mit meinem Glück so bestellt, dass immer, wenn ich einen Abend in La Fenice in Betracht ziehe, eine Woche lang Tschaikowski oder Wagner gegeben wird – einander ebenbürtig, was meine Allergie gegen sie angeht. Kein einziges Mal Donizetti oder Mozart!*«[1]

Saal in der *Accademia*

Da hätte er es heute besser: Allein in der Saison 2011 ein »*Rigoletto*«, die »*Traviata*«, Rossinis »*Il barbiere di Siviglia*«, Mozarts »*Don Giovanni*«, Puccinis »*La Bohème*«, Donizettis »*Lucia di Lammermoor*«, aber, ja: auch Wagners »*Rheingold*« und immerhin Luigi Nonos »*Intolleranza*« – und zusätzlich Konzerte mit Musik unter anderem von Anton Webern, Maurice Ravel, Anton Bruckner, Gustav Mahler, Charles Ives. Verstaubt ist man in *La Fenice* nicht, und es ist ohnehin immer ein Glück, in diesem fabelhaften Opernhaus zu sitzen, wo es fast genauso viel zu sehen wie zu hören gibt.

[1] Joseph Brodsky, *Ufer der Verlorenen*

Um Musik zu finden, muss man nicht nur mit offenen Ohren, sondern auch mit offenen Augen durch Venedig gehen. Da ist in der *Accademia* der heilige Stefano zu sehen, von Pfeilen durchbohrt, auf einem Bänkchen davor musizieren von der Marter ungerührte Putten. Da hängt das Bild eines unbekannten Malers, das eine Musikantenfamilie zeigt – Vater, Mutter, Sohn, zwei Cembali, ein Cello –, da hängt der blinde Homer des Mattia Preti aus dem 17. Jahrhundert und spielt Geige. Pietro Longhi malte 1741 ein Konzert: Drei Männer spielen Geige, ein Hündchen hört zu, im Hintergrund kloppen drei andere Karten, unbeeindruckt. Die Niederländer malten hinreißend Licht, Glas, Spitze, die Spanier Dunkelheit und vornehme Blässe, die Italiener Seide, Samt, schöne Frauen mit Musikinstrumenten. Bilder, in denen Musik »gemalt« wird, hängen in allen Museen. Charles Burney, der englische Reisende auf den Spuren der Musik, hat das auch entdeckt und darüber geschrieben: *»Ungeachtet ich diese Kirchen eigentlich der Musik wegen besuchte, so konnte ich mich doch unmöglich enthalten, auch die Gemälde und die Baukunst darin zu betrachten. Allein ich fing hier an zu bemerken, dass diese beiden Gegenstände des Gesichts von meinem Hauptzwecke, eine Geschichte der Vergnügungen des Ohrs zu beschreiben, nicht so sehr entfernt waren, als ich anfangs dachte; denn ich fand oftmals bei alten Meistern Vorstellungen von musikalischen Instrumenten, entweder aus ihren Zeiten oder wenigstens solche, als sie zu der Zeit, worin die Geschichte ihres Gemäldes fiel, für gebräuchlich hielten. So entdeckte ich in Paul Veroneses berühmtem Gemälde von der Hochzeit zu Cana, welches in der Sakristei der Kirche von St. Gior-*

Der blinde Homer
Gemälde von Mattia Preti

Die Hochzeit zu Kana mit den Rollenporträts von Veronese mit Cello, Bassano mit Flöte, Tizian mit Kontrabass; Gemälde von Paolo Veronese, 1563 (Ausschnitt)

Vision des Heiligen Augustinus
Gemälde von Carpaccio, um 1502 (Ausschnitt)

Madonna mit Kind und Heiligen
Gemälde von Giovanni Bellini, 1487/81 (Ausschnitt)

gio Maggiore ist, ein Konzert mit allerhand Instrumenten, von welchen allen ich mir eine Nachricht aufgezeichnet habe. Heute früh bemerkte ich ebenfalls bei den Franziskanern ein kleines Gemälde von San Croce unter der Kanzel, welches man sehr bewundert und in Raffaels Manier gemacht zu sein glaubt; es stellt unter andern ein Konzert der Cherubim und Seraphim vor, und ich fand unter verschiednen Arten von Lauten und Zithern ein Instrument, welches mit dem Bogen gespielt ward und gleich einer Geige auf der Schulter des Spielers ruhte, aber dabei sechs Saiten hatte.«[1]

Ein guter Beobachter, dieser Charles Burney, und nun macht es ihm Spaß, und er sucht immer weiter nach Gemälden, die Musik zum Thema haben. Auch ich ging auf die Suche und wurde immer belohnt.

Die Decken der Kirchenräume sind meist bemalt mit musizierenden Engeln, wie zum Beispiel die zum *Ospedale della Pietà* gehörende Kirche, an der Vivaldi so lange wirkte. Vittore Carpaccio malte für die *Scuola di San Giorgio degli Schiavoni* ein Bild des heiligen Augustinus, auf dem unten rechts ein sorgfältig gezeichnetes Notenblatt zu sehen ist – Augustinus hatte 1491 eine Schrift *»De musica«* veröffentlicht, in der er sich mit Metrik auseinandersetzt. Das Blatt sieht aus wie jene, die zu der Zeit Petrucci druckte. Auf dem Altarbild in *San Zaccaria*, gemalt vom Venezianer Giovanni Bellini, sieht man die Madonna mit Kind, zu ihren Füßen ein Engel, der die Lira, Lyra, Leier spielt – das Instrument des Orpheus. In *San Rocco* sieht über dem Haupteingang ein cellospielender Engel auf uns herab, die *Sala grande superiore*, der große Musiksaal der *Scuola Grande di San*

[1] Charles Burney, *Tagebuch einer musikalischen Reise*

Rocco, ist über und über mit musizierenden Figuren geschmückt. Am schönsten ist das Deckenfresko des *Ospedaletto*, gemalt von Jacopo Guarana, ein Rausch an Musikanten, man hört sie geradezu.

In Venedig ist überall Musik nicht nur zu hören, sondern auch zu sehen: Musizierende Wesen oder Musikinstrumente an Hauswänden, auf Säulen, an Zimmer- und Kirchendecken – an der Südseite des Dogenpalastes ranken sie sich um eine Säule, im Hof spielt ein steinerner Engel Laute, an der *Riva degli Schiavoni* hat das *Hotel Vivaldi* Violinschlüssel als Griffe an den Eingangstüren. Es macht Spaß, durch Venedig zu spazieren und einfach nur zu schauen – plötzlich erinnert eine Gedenktafel an Domenico Cimarosa, den Geiger, Pianisten, Sänger und Komponisten aus Neapel, der *Maestro* am *Ospedaletto* war und dessen komische Oper »*La ballerina amante*« in Venedig aufgeführt wurde. Hier hat der Künstler eine Zeit lang gewohnt, in dem Haus gegenüber von *San Zaccaria* mit dem Museum für Musikinstrumente, nahe bei *La Fenice*, er starb hier 1801 während der Arbeit an seiner Oper »*Artemisia*«. Oder man sitzt in der Sonne an der *Fondamenta delle Zattere*, am Südufer des *Dorsoduro*-Quartiers, ein Glas Wein in der Hand, und sieht an einem Haus eine Gedenktafel für Luigi Nono, der hier 1924 geboren wurde. Seit seiner Hochzeit mit Arnold Schönbergs Tochter Nuria 1955 wohnte er gegenüber, auf der *Giudecca*, in einem roten Haus, in dem er 1990 starb. Sein »*Prometeo*« wurde 1984 in Venedig, in *San Lorenzo*, uraufgeführt.

Nono hat einige Textstellen aus Rilkes »*Duineser Elegien*« vertont, und es ist ein schöner Zufall, dass Rilke bei einem Venedig-Aufenthalt 1907 drei Häuser

Die Türgriffe des *Hotels Vivaldi*

Turmfiguren des Dogenpalastes

links von Nonos Geburtshaus wohnte, *Zattere Nr. 1471*, bei den zwei Schwestern Romanelli, von denen die eine, Adelmina, abends für Rilke Klavier spielte – sie war eine Schülerin Ferruccio Busonis. 1912 war Rilke zum letzten Mal in Venedig, höchst unglücklich verliebt in eine Pianistin, Magda von Hattingberg, *Benvenuta*, die Willkommene, genannt. Sie trennten sich in Venedig, die Liebe war nicht zu leben, und die Herrin von Schloss Duino, Fürstin Marie von Thurn und Taxis, die die *Benvenuta* nicht ausstehen konnte, wusch Rilke, der über Einsamkeit klagte, ordentlich den Kopf: Jeder Mensch sei einsam, der Künstler sowieso, und »... *was brauchen Sie immerfort dumme Gänse retten zu wollen, die sich selbst retten sollen – oder der Teufel soll die Gänse holen!*«[1]

Nono komponierte sein Stück zu Rilkes Texten 1980/81, »*Das atmende Klarsein*« für kleinen Chor, Bassflöte, Live Elektronik und Tonband.

Der Venezianer Luigi Nono wird dann doch wohl auch auf San Michele, der vorgelagerten Friedhofsinsel liegen? Wir setzen über, »*Gondola, gondola!*«, und ich frage eine alte Frau, die ein Grab pflegt, wo Nono liegt. Sie zeigt: »*Questo sasso nero!*« Da, dieser schwarze Stein! Freundlich klingt es nicht, ach, der Nono ... kein Wohlklang! Neutöner! Gleichwohl: ein venezianischer Musiker, und was für einer. Gewaltig hat er sich politisch und sozial engagiert, gewaltig floss das in seine Musik ein, sie behandelt Themen wie Auschwitz, Holocaust, Hiroshima, Ausbeutung der Fabrikarbeiter, Fremdenhass, Studentenrevolte. Da liegt er, unter einem schwarzen Stein, gar nicht weit weg von Diaghilev und Strawinsky.

Luigi Nono, um 1950

[1] Rainer Maria Rilke/Marie von Thurn und Taxis, *Briefwechsel*

Für Nono war Venedig eine ewige Quelle der Inspiration. *»Man hört den Raum«,* sagte er 1983 in einem Interview, *»ich höre die roten und weißen Steine.«*

folgende Doppelseite:
»Schauerliche Welt…«
Die Insel der Toten, San Michele

Nonos Zeitgenosse Bruno Maderna, Venezianer wie er, das geigende Wunderkind, das schon mit sieben Jahren große Orchester dirigierte und später Pionier der elektronischen Musik wurde, Maderna starb nicht in Venedig. Er war zwar Dozent am Konservatorium *Benedetto Marcello,* aber Darmstadt, Zentrum für elektronische und serielle Musik, war sein Hauptwirkungsort – dort starb er 1973.

San Michele, zypressenumstanden, die Trauergondeln legen an und entladen ihre stumme Fracht. Der Friedhof ein Park, wie ihn Venedig ja sonst nicht hat, Blumen, Bäume, Denkmäler, Vögel. Die Boote legen an und legen ab, nachts ist hier niemand, eine Insel der Toten. Hermann Hesse inspirierte sie zu einem langen Gedicht, darin heißt es:

Schauerliche Welt,
Wo Flut um Flut mit ungehörtem Klang
Am Ufer der Vergessenheit zerschellt!
Die ihr hier ruht, vergessen, unbeklagt,
Fernab der Stadt, in deren Lebensgier
Nach euch und eurer Stätte niemand fragt,
Ihr seid verwandt und liebe Brüder mir.[1]

Grabbüste von
Ermanno Wolf Ferrari

Der venezianische Komponist Ermanno Wolf Ferrari liegt auch auf San Michele begraben. Bei langen Spaziergängen über diesen mit Zypressen so reich bewachsenen alten Friedhof findet man alles: Da ist sie plötzlich ganz nah am Wasser, die Marmorbüste von

[1] Hermann Hesse, *Auf der Gräberinsel bei Venedig*

Stille Winkel, stille Plätzchen …

Wolf Ferrari, dem fast vergessenen Komponisten der wunderschönen kleinen Oper *»Il campiello«*, die einen venezianischen Tag auf einem Plätzchen, eben einem *campiello*, schildert, und dazu schreibt der Komponist: *»Im wirren Netz der engen venezianischen Gässchen bilden sich plötzlich winzige Plätzchen, wie sie sonst nirgends vorkommen. Wegen ihrer Kleinheit werden sie nicht ›piazza‹ genannt, nicht ›piazzetta‹, sondern in venezianischer Mundart ›campiello‹. In seiner Abgeschlossenheit stellt solch ein campiello eine kleine Welt für sich dar. Alle, die dort wohnen, kennen einander, umso mehr, da das Leben sich vielfach im Freien abspielt.«*[1]

Und Wolf Ferrari erinnert auch an Goldoni, der eine venezianische Komödie in freien Versen um so ein Plätzchen, einen *campiello*, geschrieben hatte, an dem der Komponist sich orientierte:

Am frühen Morgen ist noch alles still, dann werden die Fensterläden geöffnet, Männer gehen zur Arbeit, Kinder in die Schule, Frauen auf den Markt, die Geschäfte sind in regem Betrieb, man streitet, liebt, schnattert, es geht ein bisschen zu wie in Dylan Thomas' *»Under Milkwood«*, ein einziger Tag unter ganz normalen Menschen – nur in Venedig weniger schwerblütig als in Wales. Und abends wird es langsam wieder stiller, man geht schlafen, die Läden schließen, die Fenster werden geschlossen, es ist alles wieder wie zu Beginn. Stille, nur das Wasser schlägt leise an die Mauern, und die Wäsche weht im Wind.

Eine zauberhafte Oper, die unter ganz normalen Bürgern in einer ganz und gar besonderen, unerhörten Stadt spielt, und heute, scheint mir, ist dieses

[1] Ermanno Wolf Ferrari, zit. aus: Kurt Pahlen, *Opern-Lexikon*

Meisterwerk so gut wie vergessen. Eine der vielen Opern, die nie aufgeführt werden, weil wir ja von Flensburg bis Bad Reichenhall *»Fidelio, Fidelio, Fidelio«* und *»Carmen, Carmen, Carmen«* sehen und hören müssen – nur ja kein Risiko. Die Oper *»Il campiello«* ist komplett in venezianischem Dialekt geschrieben; umso seltsamer, dass sie 1936 nicht in Venedig, sondern in Mailand uraufgeführt wurde – obwohl doch der Chor *»Bon dí caro campiel, bon dí Venezia mia«* eine der schönsten Hymnen auf Wolf Ferraris Vaterstadt ist.

Ermanno Wolf Ferrari, Sohn des deutschen Kunstmalers August Wolf und der italienischen Pianistin Emilia Ferrari, war schon mit 27 Jahren Direktor auf Lebenszeit an der Musikhochschule *Benedetto Marcello*, dem *Liceo musicale* im schönen *Palazzo Pisani* am *Campo San Stefano*, heute noch immer das große Konservatorium der Stadt mit dem imposanten Musiksaal, von dessen Decke ein höchst missmutiger Beethoven auf die Schüler herabschaut. Auch Gian Francesco Malipiero, der aus einer alten venezianischen Musikerfamilie stammte – der Großvater war Opernkomponist, der Vater Pianist und Dirigent – hat diese Akademie zeitweilig geleitet.

Welche Mühe hatten wir, hier in dieses heute leicht verlotterte, aber streng bewachte Konservatorium hineinzukommen! Schließlich meldeten wir uns als Gasthörer für eine Vorlesung über Hebräische Musik an, um dann festzustellen, dass wir zu den nur insgesamt sieben Zuhörern gehörten und kein Wort verstanden. Aber sonst hätten wir ja nie den schlechtgelaunten Beethoven oben an der Decke entdeckt … Hier haben Giuseppe Sinopoli, Ermanno Wolf Ferra-

Der übellaunige Beethoven

ri und Gian Francesco Malipiero unterrichtet, Bruno Maderna und Luigi Nono studiert, und hier wird der Taktstock aufbewahrt, mit dem Richard Wagner Weihnachten 1882 im *La Fenice* zu Ehren von Cosimas Geburtstag sein letztes Konzert dirigierte. Ermanno Wolf Ferrari starb im Januar 1948 in Venedig in der *Calle San Samuele*, nahe dem *Canal Grande*, und an dem Haus ist eine schöne Gedenktafel:

Tornato stanco pellegrino
Alla sua Venezia
Inspiratrice della sua musica
Da questa casa
Passo all'eternità.

Der Musikkenner und Schriftsteller Herbert Rosendorfer übersetzte das in einem liebevollen Artikel über Wolf Ferrari so:

Als müder Wanderer zurückgekehrt
In sein Venedig
Quell, Geist und Eingebung seiner Musik
Aus diesem Haus
Ging er in die Ewigkeit.[1]

Nun sind wir schon weit im 20. Jahrhundert, aber so geht das hier, man steht plötzlich vor so einer Tafel oder vor Nonos Haus und denkt an die verstörende Kraft seiner Oper »*Intolleranza*«, die sich mit der Rücksichtslosigkeit und Intoleranz unserer Zeit den Verzweifelten und Heimatlosen gegenüber beschäftigt, 1961 in Venedig uraufgeführt und gleich zum Skandal geworden. Eine elegante Dame im Parkett

[1] Herbert Rosendorfer, *Wanderer zwischen den Welten. Der Deutsch-Italiener Ermanno Wolf Ferrari*

soll mitten in die Musik hinein laut »*Basta!*« gerufen haben, aufgestanden und gegangen sein, und dann soll es zwischen Rang und Parkett zu einer schönen Prügelei gekommen sein. Daran denke ich, mit Blick auf die Giudecca, und es kommen mir Musikstudenten in Barockkostümen entgegen und werben für ein Konzert am Abend, Vivaldis ewige »*Vier Jahreszeiten*«.

Friedrich Nietzsche, der geschrieben hat: »*Und wenn ich jenseits der Alpen sage, sage ich eigentlich nur Venedig. Wenn ich ein anderes Wort für Musik suche, finde ich immer nur das Wort Venedig. Ich weiß keinen Unterschied zwischen Tränen und Musik zu machen, ich weiß das Glück, den Süden, nicht ohne Schauder von Furchtsamkeit zu denken*«[1] – dieser Nietzsche hat Venedig als etwas Unwirkliches erlebt, nicht als Lebensort, sondern als einen Traum, in dem Musik aus dem Wasser kommt, ins Wasser zurückfließt, rauschhafte, dithyrambische Zustände erzeugt.

In brauner Nacht (1888)

An der Brücke stand
jüngst ich in brauner Nacht.
Fernher kam Gesang:
Goldener Tropfen quoll's
über die zitternde Fläche weg.
trunken schwamm's in die Dämmerung hinaus.

Meine Seele, ein Saitenspiel,
sang sich, unsichtbar berührt,
heimlich ein Gondellied dazu,
zitternd vor bunter Seligkeit.
Hörte jemand ihr zu? …[1]

[1] Friedrich Nietzsche, *Ecce Homo*

Das Zittern der Seele, das Zittern des Wasserspiegels, Nietzsche, dem Tränen und Musik dasselbe waren, verliert sich noch einmal vor seiner endgültigen geistigen Umnachtung in vollkommenen Versen. In der Nacht, in der sein Geist wegdriftet in den Wahnsinn, singt er.

»Der singende Nietzsche ist wieder in jenem orgiastischen Zustand, für den Venedig und Musik die Zauberformel abgibt. Die neapolitanischen Fischerlieder (O sole mio) waren das Surrogat des italienversessenen Bürgertums. Der einsame Ruf des Gondoliere hingegen hatte Wagner entzückt, als er in Venedig den zweiten Akt des ›Tristan‹ schrieb, den liebes- und todesseligen.«[1]

Die große Zeit Venedigs ist vorbei.

Die Geschichte war immer und überall wechselvoll, aber jetzt macht der Zahn der Zeit, macht die Masse der Touristen, machen die zerstörte Umwelt, die schmutzige Luft, das unsaubere Wasser, das Vordringen der Industrie Venedig langsam wohl wirklich ein Ende. Furchtbare Überschwemmungen haben schon vieles zerstört, unwiderruflich. Die Lichter in den großen *palazzi* am *Canal Grande* brennen nachts nur noch selten festlich, und wenn, dann erst ab dem *piano nobile*, dem ersten Stockwerk. Unten schimmelt es feucht.

Wird Venedig, die Stadt, *»die nur mit sich selbst zu vergleichen ist«*, wie Goethe sagte, wird sie verfaulen, versinken, untergehen?

»Für mich ist Venedig ein Wert, ein weltlich-religiöser Wert, als Kristallisation des Geschichtlichen und Rationalisierung der kindlichen Mysterien. Sehen Sie,

gegenüber:
Ein besonderer Notenhalter in der Werkstatt des Musikinstrumentenmuseums

[1] Werner Ross, *Venezianische Promenade*

Venedig ist die Geschichte, die mich hindert, ein objektiver Prophet zu sein; die mich also blind gegenüber der Zukunft macht. Mich interessieren weder die Kinder noch deren Nachkommen. Sollen sie selbst zurechtkommen. Ich hatte das Glück, in einer Kultur geboren zu werden, in der Venedig noch nicht ein Phänomen der Archäologie war. Daher wäre ich theoretisch sogar fähig zu töten (das sage ich zum ersten Mal in meinem Leben, nach der Hitlerzeit), um Venedig vor denen zu verteidigen, die es – aus Berechnung oder Missachtung – bedrohen.«[1]

Wird Venedig untergehen, in Schönheit?

»*Nichts da*«, schreibt Herbert Rosendorfer, »*es geht im Sumpf der politischen Korruption und im Dreck der Chemie unter.*«[2]

Vielleicht kommt die Sintflut? Vielleicht geht die ganze Welt ja unter, und das Einzige, was bleibt, sind auf dem Wasser die schwarzen Gondeln Venedigs, und über dem Wasser, sanft, Musik in tiefer Stille.

»Venedig, das langsam einsinkt, müsste dies in Küssen und der Musik. Welch glückliches Ende für eine solche Königin!«[3]

Und dann?

Nach dem Untergang Venedigs
werden sie sagen
(ihr wisst schon wer)
es hat nie eine Stadt
auf einer Lagune gegeben

Alles Erfindung.
(…)

[1] Pier Paolo Pasolini, *Reisen in 1001 Nacht*
[2] Herbert Rosendorfer, *Venedig*
[3] André Suarès, *Die Fahrten des Condottiere. Eine italienische Reise*

Legenden beschreiben nur
einen erdachten Ort
Es ist bloß ein Begriff
für eine kanalisierte Anlage.
doch nach einiger Zeit
am Horizont des Vergessens
tauchen die Kuppeln von San Marco auf
der Dogenpalast
die Piazzetta mit zwei Säulen trotzdem
und
die Gefängnisse füllen sich
mit Leuten die glauben
auf dem Canal Grande gefahren
zu sein.[1]

Wir waren da. Wir sind auf dem *Canal Grande* gefahren. Wir haben die Sonne und das Wasser gesehen, die verfallende, stolze Pracht, und wir haben Musik gehört, Musik wie aus dem Himmel.

[1] Günter Kunert, *Venedig II.* In: *Unterwegs nach Utopia*

Zitierte Literatur

S. 10 Jean Giono, *In Italien um glücklich zu sein.* München 1984; Federico Fellini, *Casanova.* Zürich 1977

S. 11 Marc Twain, *Bummel durch Europa.* Berlin 1965; A. Ottoboni in: *Venedig. Stadt auf 118 Inseln.* Lausanne 1965

S. 14 Harold Brodkey, *Venedig.* Hamburg 1997; Wolfgang Koeppen, *Ich bin gern in Venedig warum.* Suhrkamp 1994; Alfred Kerr, *Erlebtes. Reisen in die Welt.* Berlin 1989

S. 15 Robert Dessaix, *Briefe aus der Nacht.* Frankfurt 1996; André Suarès, *Die Fahrten des Condottiere. Eine italienische Reise.* Leipzig 1914

S. 16 André Suarès, ebd.; Hermann Hesse, *Italien.* Frankfurt 1983; Ernst Bloch, *Venedigs italienische Nacht.* In: *Verfremdungen II*, Frankfurt 1964

S. 17 Jean Giono, *In Italien um glücklich zu sein;* Theodor Däubler, *Hymne an Venedig.* Berlin 1916; Herbert Rosendorfer, *Venedig.* Köln 2008

S. 20 James Morris, *3mal Venedig.* München 1961

S. 21 Rainer Maria Rilke, *Briefe an Nanny Wunderly-Volkart.* Frankfurt 1977

S. 22 Robert Dessaix, *Briefe aus der Nacht.*

S. 23 Mario Soldati, *Die Versuchung.* In: *Venedig – Stadt auf 118 Inseln.* Lausanne 1965; André Suarès, *Die Fahrten des Condottiere. Eine italienische Reise.*

S. 26 André Suarès, ebd.

S. 27 Hermann Hesse, *Italien*; Eva Demski, *Venedig – Salon der Welt.* Frankfurt 1996

S. 28 Ernst Bloch, *Venedigs italienische Nacht;* Jean-Paul Sartre, *König Albemarle oder Der letzte Tourist.* Hamburg 1997

S. 29 Robert Dessaix, *Briefe aus der Nacht;* Carlo Goldoni, *Mein Theater – Mein Leben.* Berlin 1954

S. 32 Jean-Paul Sartre, *König Albemarle oder Der letzte Tourist;* Charles Burney, *Tagebuch einer musikalischen Reise.* Hamburg 1772

S. 33 Charles Burney, ebd.; Harold Brodkey, *Venedig.*

S. 34 Eleonore Büning, *Kein Heiligenschein für Luigi Nono.* In: *Die Zeit*, 26/1993

S. 36 James Morris, *3mal Venedig;* Joseph Brodsky, *Ufer der Verlorenen.* München Wien 1991; Luigi Nono in: Max Nyffeler, *Der Querdenker von der Giudecca.* In: *Partituren, 6/2006*

S. 37 Johann Wolfgang von Goethe, *Italienische Reise.* In: *Werke*, Berliner Ausgabe Band XIV

S. 39 Hans Dörge, *Musik in Venedig.* Wilhelmshaven 1991; Konrad Junghänel; *Schwarz auf weiß.* In: *Partituren*, Heft 6/2006; Franz Grillparzer, *Werke. Wien 1909–1948*

S. 42 Johann Wolfgang von Goethe, *Italienische Reise.*

S. 43 Mark Twain, *Bummel durch Europa.*

S. 44 Hans Dörge, *Musik in Venedig.*

S. 45 Hugh Honour, *Venedig.* München 1966

S. 46 Baldassare Castiglione, *Das Buch vom Hofmann.* Bremen 1960

S. 52 Jean-Jacques Rousseau, *Bekenntnisse 1771.* Frankfurt 1971

S. 53 August Wilhelm Ambros, *Werke IV.* Leipzig 1878

S. 54 Charles Burney, *Tagebuch einer musikalischen Reise;* Hermann Hesse, *Der Kreuzgang von Santo Stefano.* In: *Die Gedichte.* Frankfurt am Main 1992

S. 57 George Gordon Lord Byron, *Werke,* Bd. 3. Berlin 1888

S. 58 George Gordon Lord Byron, ebd.; Hermann Hesse, *Lagune.* In: *Italien.*

S. 59 Johann Wolfgang von Goethe, *Italienische Reise.*

S. 62 Cosima Wagner, *Die Tagebücher.* München 1976

S. 63 Richard Wagner, *Mein Leben, Bd.* 2, München 1911; Gabriele D'Annunzio, *Das Feuer.* Berlin 1939

S. 64 Werner Ross, *Venezianische Promenade*. Berlin 1996

S. 65 Oliver Hilmes, *Liszt. Biographie eines Superstars*. München 2011

S. 66 Franz Werfel, *Verdi – Roman der Oper*. Berlin 1924

S. 67 Franz Werfel, ebd.

S. 68 Franz Werfel, Hrsg.: Giuseppe Verdi, *Briefe*. Wien 1926; Franz Werfel, ebd.

S. 69 Helmut Krausser, *Zwei ungleiche Rivalen. Puccini und Franchetti*. München 2010

S. 70 Gabriele D'Annunzio, *Das Feuer;* Franz Werfel, *Verdi – Roman der Oper*

S. 71 Friedrich Nietzsche, *Ecce Homo*. In: *Sämtliche Werke in 15 Bänden*. Band 6. München 1980; Hans Dörge, *Musik in Venedig*.

S. 72 Richard Wagner, *Mein Leben, Bd. 2*

S. 74 Richard Wagner, *Mein Leben, Bd. 2*

S. 75 James Morris, *3mal Venedig*.

S. 77 Predrag Matvejević, *Das andere Venedig*. Klagenfurt 2007

S. 80 Predrag Matvejević, ebd.

S. 81 Predrag Matvejević, ebd.; Jean Giono, *In Italien um glücklich zu sein*.

S. 82 Joseph Brodsky, *Ufer der Verlorenen;* Jean Giono, *In Italien um glücklich zu sein*.

S. 83 Jean Giono, ebd.; Rainer Maria Rilke, *Briefe aus den Jahren 1914–1921*. Leipzig 1937

S. 84 Rainer Maria Rilke, *Sämtliche Werke*. Frankfurt 1975; Mark Twain, *Bummel durch Europa*

S. 85 Ulrich Amling, *Der Tod in Venedig*. In: *Partituren* 6/2006

S. 86 August von Platen, *Venedig*. In: *Werke in 2 Bänden*, Band 1: Lyrik. München 1982; William Shakespeare, *Der Kaufmann von Venedig*. Leipzig 1925

S. 89 Johann Wolfgang von Goethe, *Italienische Reise*.

S. 90 Jean-Jacques Rousseau, *Bekenntnisse 1771*.

S. 91 Joseph Brodsky, *Ufer der Verlorenen*.

S. 96 Konrad Beikircher, *Scherzo furioso*. Köln 2002

S. 97 Rainer Maria Rilke, *Die Aufzeichnungen des Malte Laurids Brigge*, Frankfurt 1910

S. 103 Franz Werfel, *Verdi – Roman der Oper;* André Suarès, *Die Fahrten des Condottiere. Eine italienische Reise;* Wolfgang Koeppen, *Ich bin gern in Venedig warum*.

S. 110 Donna Leon, *Über Venedig, Musik, Menschen und Bücher*. Zürich 2005

S. 114 Rainer Maria Rilke / Mathilde Vollmoeller, *Briefwechsel*. Frankfurt/Leipzig 1993

S. 116 Harold Brodkey, *Venedig;* Friedrich Nietzsche, *Ecce Homo;* Gabriele D'Annunzio, *Das Feuer*

S. 117 Andrea Marcon, *»Vivaldi lebt von der Leichtigkeit«*. In: *Partituren* 6/2006, im Gespräch mit Arnt Cobbers

S. 119 Robert Craft, *Stravinsky. Chronicle of a Friendship*. New York 1972; André Suarès, *Die Fahrten des Condottiere. Eine italienische Reise*.

S. 122 Joseph Brodsky, *Ufer der Verlorenen*.

S. 124 Charles Burney, *Tagebuch einer musikalischen Reise*.

S. 126 Rainer Maria Rilke / Marie von Thurn und Taxis, *Briefwechsel*. Frankfurt 1986

S. 127 Hermann Hesse, *Auf der Gräberinsel bei Venedig*, Frankfurt 1958

S. 130 Ermanno Wolf Ferrari, zit. aus: Kurt Pahlen, *Opern-Lexikon*. München 1995

S. 132 Herbert Rosendorfer, *Wanderer zwischen den Welten. Der Deutsch-Italiener Ermanno Wolf Ferrari*. In: *Partituren* 6/2006

S. 133 Friedrich Nietzsche, *Ecce Homo*.

S. 134 Werner Ross, *Venezianische Promenade*.

S. 136 Pier Paolo Pasolini, *Reisen in 1001 Nacht*. Hamburg 2011; Herbert Rosendorfer, *Venedig;* André Suarès, *Die Fahrten des Condottiere. Eine italienische Reise*.

S. 137 Günter Kunert, *Venedig II*. In: *Unterwegs nach Utopia*, München 1977

»Ein musiksprühender Vulkan«
Hildesheimer Allgemeine
Voci di Sicilia
Voci di Sicilia
Eine Reise mit Etta Scollo
CORSO
ca. 240 Seiten
17 × 24 cm
Gebunden mit Schutzumschlag
mit exklusiven Download-Link von 21 Songs
ISBN 978-3-7374-0755-7
Dutschke